PLÖTZLICH UND UNERWARTET

Kirsten Schubert

PLÖTZLICH UND UNERWARTET

Der steinige Weg der Erben und Unternehmensnachfolger

MURMANN
MURMANN PUBLISHERS

Bibliografische Information der Deutschen Nationalbibliothek
Die Deutsche Nationalbibliothek verzeichnet diese Publikation in
der Deutschen Nationalbibliografie; detaillierte bibliografische
Daten sind im Internet über http://dnb.d-nb.de abrufbar.

Copyright © 2015 Murmann Publishers GmbH, Hamburg

Lektorat: Dagmar Deckstein, Filderstadt
Druck und Bindung: CPI books GmbH, Leck
Printed in Germany

ISBN 978-3-86774-466-9

Besuchen Sie uns im Internet: www.murmann-publishers.de
Ihre Meinung zu diesem Buch interessiert uns!
Zuschriften bitte an **info@murmann-publishers.de**
Den Newsletter des Murmann Verlages können Sie anfordern unter
newsletter@murmann-publishers.de

INHALT

I.

ERÖFFNUNGSBILANZ: DER ERBFAKTOR

Erben ist, wenn einer hinterlässt, also gibt, und andere vererbt bekommen, also nehmen. Klingt einfach, ist es aber nicht. Denn mit der Erbschaft werden nicht nur Vermögenswerte übertragen, sondern auch »Defizite« auf der Beziehungsebene: Unachtsamkeit bei den Erbregelungen, Misstrauen gegenüber Familienangehörigen, irrige Rollenzuschreibungen, überzogene Harmoniebedürfnisse, enttäuschte Erwartungen, familiäre Missverständnisse oder konträre Gerechtigkeitsvorstellungen. Erben ist in vielen Fällen also eher Soll als Haben, eher Last als Lust, eher Druck als Entspannung.

Mehr als 70 Prozent aller Deutschen haben kein Testament hinterlegt.

Kaum eine familiäre Angelegenheit ist mit mehr ambivalenten Gefühlen verbunden als das Vererben und das Erben.

Schon das Verfassen des Testaments ist für den Erblasser eine emotionale Herausforderung. Die Beschäftigung mit dem letzten Willen führt automatisch zur Konfrontation mit der eigenen Endlichkeit – mit Tod, Verlust, Trauer und Schmerz, aber auch mit Entmachtung, Kontrollverlust und Zerfall.

Eine Erbschaftsregelung zu treffen ist ein psychisch hochbrisantes Thema, das oft verdrängt oder vor sich hergeschoben wird.

Laut einer Emnid-Umfrage haben gut 70 Prozent aller Deutschen zwischen 50 und 59 Jahren kein Testament hinterlegt.

Bei den über 60-Jährigen trifft das noch auf die Hälfte der Befragten zu.

Selbst wenn eine letztwillige Verfügung vorliegt, erweist sie sich nicht selten als unklar, widersprüchlich oder gänzlich unwirksam.[1]

Die Planung der Erbschaft ist ein Tabuthema, dem viele am liebsten aus dem Weg gehen möchten. Und wenn das Aufsetzen des Testaments dann doch ansteht, soll der Prozess so kurz und lautlos wie möglich über die Bühne gehen. Das Testament wird als Geheimkommando im stillen Kämmerchen verfasst. Zurate gezogen werden allenfalls Steuer- oder Vermögensberater, Anwälte oder Notare.

Im Familienkreis hingegen gilt die offen ausgesprochene Frage, ob und wie die Verteilung des Familienvermögens geregelt werden soll, als nahezu respektlos und unanständig. Deshalb findet eine Diskussion der Familienangehörigen über das Für und Wider der Vermögensverteilung nur selten statt. Die Folge dieser »Sprachlosigkeit« sind Erbregelungen, die schwer nachvollziehbar sind und von den Erben oft als ungerecht oder bevormundend empfunden werden.

Viele Erblasser glauben dennoch, dass sie alles bis ins Detail und zur Zufriedenheit aller geregelt haben. Ihnen ist einfach nicht bewusst, wie viele emotionale Irrungen und Wirrungen bei der Nachlassregelung mit im Spiel sind.

Bei einer Erbschaft geht es immer um weit mehr als nur um Geld. Oberflächlich betrachtet bekommen die Erben ein »leistungsfrei« erworbenes Vermögen. Doch fast immer ist das Erbe mit Erwartungen an seine Empfänger verbunden. Die Lebensleistung des Erblassers soll gewürdigt und erhalten werden. Das hart und entbehrungsreich erarbeitete Vermögen soll vor der möglichen Verschwendung durch die Erben geschützt werden. Und Streitigkeiten innerhalb der Familie sollen unbedingt vermieden werden.

Diese Wünsche und Erwartungen des Erblassers führen zu testamentarischen Regelungen, die sicherstellen sollen, dass

sein Einfluss auf das Verhalten der Erben weit über seinen Tod hinaus erhalten bleibt. Der lange Arm des Erblassers greift dann mitunter empfindlich in die Selbstbestimmung und die Handlungsfreiheit der Erben ein – etwa durch die Berufung eines Testamentsvollstreckers, der jahrzehntelang seine Hand auf die Erbschaft halten kann. Gegenüber diesen Nachlasshütern sind die Erben nahezu machtlos. Und nicht selten müssen sie erleben, dass der Testamentsvollstrecker seine ihm vom Erblasser überantwortete Macht zur eigenen Bereicherung missbraucht.

DIE EMOTIONALE DIMENSION DES ERBES

»Das Testament des Verstorbenen ist der Spiegel der Lebenden«, lautet ein polnisches Sprichwort und trifft die Wahrheit im Kern. Die letztwillige Verfügung ist Ausdruck der Wertschätzung des Erblassers für seine Nachkommen.

Das Testament ist Ausdruck der Wertschätzung
des Erblassers für seine Nachkommen.

Mit dem Testament kann er seinen Respekt und sein Vertrauen gegenüber den Erben ausdrücken oder auch sein Misstrauen und seinen Herrschaftsanspruch.

Diese emotionalen Dimensionen des Erbes mitsamt ihrer weitreichenden Folgen waren mir bis zum Tod meines Vaters nicht bewusst. Ich hätte auch niemals damit gerechnet, mit welcher Wucht der Tod eines einzigen Menschen das Leben der Hinterbliebenen verändern kann.

Eigentlich sollte das Testament meines Vaters sicherstellen, dass das Leben seiner Familie auch nach seinem Tod in geord-

neten Bahnen verläuft. Eingetreten ist das Gegenteil. Als ich das erkannte, haderte ich damit, dass mein Vater als erfolgreicher Unternehmer diese Fehlsteuerungen bei der Verfassung seines Testaments nicht bemerkt hat.

Ich brauchte Zeit und Abstand, um zu erkennen, welche komplexen Dynamiken zu dieser Situation beigetragen haben. Heute blicke ich versöhnlicher und klarer zurück auf meine Irrfahrt durch die vielen Instanzen der Erbschafts- und Nachfolgeregelungen.

Mit diesem Buch möchte ich die Leser an meinem Lernprozess teilhaben lassen, damit sie als Erben die Möglichkeit einer günstigeren Ausgangslage haben als ich.

Das Buch versteht sich als Beginn einer Beratung, die dort ansetzt, wo andere aufhören: an der Selbstreflexion der Erben und Erblasser – an der Auseinandersetzung mit den eigenen Gefühlen, Erwartungen, Haltungen und Hoffnungen, jenseits der rationalen Dimension der Vermögensverteilung. Ich möchte mein Erfahrungswissen als Erbin allen zugänglich machen, die eine Erbschaft gleich welcher Größe zu verteilen oder zu erhalten haben. Insbesondere aber wende ich mich mit diesem Buch an Familienmitglieder, zu deren Vermögen ein gemeinsames Unternehmen gehört. Für sie ist die Nachlassregelung meistens eng verbunden mit der Nachfolgefrage, die nicht minder emotional durchtränkt ist wie die der Vermögensverteilung auf die nächste Generation.

Als Tochter und Unternehmerin in einem mittelständischen Familienunternehmen kenne ich das Spannungsfeld zwischen Familie und Unternehmen in all seinen emotionalen und rationalen Facetten. Aus eigener Erfahrung weiß ich um die Risiken und Stolpersteine, die sich aus dem Konstrukt des Familienun-

ternehmens ergeben. Und ich habe erlebt, wie kompliziert die Lage wird, wenn eine Nachfolgeregelung im eigenen Familienunternehmen plötzlich und unerwartet nötig wird.

Ich hoffe, mit diesem Buch dazu beitragen zu können, dass die Scheu vor dem offenen und ehrlichen Dialog über Erbschaftsfragen im Familienkreis abgebaut wird. Wer diesen Verständigungsprozess als Posten auf der Habenseite eines Erbes verbuchen kann, hat schon viel gewonnen.

II.

DIE FIRMA SASS IMMER MIT AM TISCH

1. DER TAG, AN DEM ALLES ANDERS WURDE

19. August 2010. Ich telefonierte an diesem Tag mehrmals mit meinem Vater, das letzte Mal um sechs Uhr abends. Drei Stunden später war er tot.

Wie ist das, wenn dein Vater stirbt? Darüber hatte ich mir in den letzten Jahren immer mal wieder Gedanken gemacht. Das Szenario der Bilder vor meinem inneren Auge war immer gleich: Er wurde jäh aus dem Leben gerissen. Mitten während einer Feier, die er ausgerichtet hatte. Ich daneben stehend und nach einem Arzt rufend. Oder irgendwo auf einer seiner Weltreisen. Und ich regle mit dem Concierge des Hotels und meiner Mutter via Telefon die Überführung. In einem Krankenhausbett hingegen oder dahinsiechend in einem Pflegeheim sah ich ihn nie. Das wäre nichts gewesen für einen so starken Mann. Hilflos im Bett und von anderen abhängig. Nein, das wäre für ihn eine Horrorvorstellung gewesen.

Und nun war er gestorben, wie er es gewollt hatte: plötzlich und unerwartet.

Dass ich, bei welchem möglichen Szenario auch immer, gefasst sein würde, war mir stets klar. Durch meine Natur und meine Erziehung bin ich darauf konditioniert, in Krisensituationen besonders nüchtern und überlegt zu handeln. Bloß keine Panik! Vielleicht ist das auch typisch Unternehmerkind. Ich wuchs damit auf, dass immer etwas Unvorhergesehenes passieren konnte, auf das es schnell zu reagieren galt. Und so funktionierte ich wie ein Roboter, als meine Mutter abends um elf – mein Freund und ich saßen vor dem Fernseher – anrief und sagte:»Kirsten, es ist etwas Schreckliches passiert. Dein Vater ist tot.«

Was war passiert? Sie erzählte mir, dass sie nach dem Abendessen noch eine Stunde rund um den kleinen See gelaufen sei, in der Nähe unserer Berghütte oberhalb des Tegernsees, während mein Vater auf der Terrasse saß und ein Glas Rotwein trank. Unsere Hütte ist sehr klein und mit Holzschindeln verkleidet. Man sieht sie kaum zwischen den Bäumen. Unsere ganze Familie fuhr gerne dorthin. Die klare Luft und der rauschende Bergbach ließen uns gut schlafen. Drinnen gibt es Strom und fließendes Wasser, zum Heizen schüren wir den Kachelofen mit Holzscheiten an. Ein gemütliches und ruhiges Fleckchen Erde. Damit nicht jeder Wanderer bei uns ein- und ausgehen kann, schließen wir immer ab, wenn wir abends in die Hütte gehen.

Als meine Mutter von ihrem Spaziergang zurückkam, es hatte mittlerweile merklich abgekühlt, war die Haustür verschlossen. Sie hatte keinen Schlüssel mitgenommen. Klingeln, rufen, klopfen. Nichts regte sich. Also versuchte sie, durch eines der Fenster ins Haus zu gelangen. Doch fast alle waren vergittert, und das einzige gitterlose Fenster hielt den Steinwürfen meiner Mutter stand.

Was tun? Ihr nächster Gedanke war, Hilfe zu holen. In einiger Entfernung zu unserer Hütte liegen zwei Gasthäuser. Das eine näher, aber auf dem Berg gelegen, mit einem ziemlich steilen Aufstieg, das andere weiter weg, aber über eine flache, geteerte Straße zu erreichen. Von ihrer Angst und ihren Adrenalinstößen angetrieben, eilte meine Mutter die Straße entlang zum weiter entfernten Gasthaus. Die Zeit lief, seit ihrer Rückkehr in die Hütte war bereits eine halbe Stunde vergangen. Als sie den Gasthof erreichte, hatte der bereits geschlossen. Doch das Wirtsehepaar kannte meine Mutter. Also rannte die ganze

Familie mit meiner Mutter zum Jeep und raste die Strecke zu unserem Haus zurück.

IM KRISENMODUS

Am Haus angekommen, bereits Schlimmes erwartend, schlugen sie mit vereinten Kräften das Badezimmerfenster ein. Der schmächtige jüngste Sohn zwängte sich ins Haus und öffnete die Haustür von innen. In der Küche fanden sie meinen Vater leblos auf dem Boden liegend. Die Tochter der Wirtsfamilie rief sofort über Festnetz – ein Mobiltelefon funktioniert in der Gegend nicht – ihre Freunde von der Bergwacht an.

Die Sanitäter waren rasch vor Ort und versuchten, meinen Vater wiederzubeleben. Gleichzeitig riefen sie einen Notarzt aus dem Tal dazu. Wieder verstrichen endlose Minuten, die meiner Mutter wie Stunden vorgekommen sein müssen. Als der Notarzt eintraf, konnte er nur noch den Tod feststellen. Mein Vater dürfte, nach den Berechnungen der Ärzte, kurz nach dem Aufbruch meiner Mutter ins Haus gegangen und tot zusammengebrochen sein.

Rätselhaft, denn mein Vater hatte keine schweren Vorerkrankungen gehabt, und mit 69 Jahren lag auch keine altersbedingte Todesursache vor. Möglicherweise hätte er auch infolge eines Unfalls sterben können. Es handelte sich also um eine sogenannte »ungeklärte Todesursache«.

In solchen Fällen ist der Arzt verpflichtet, die örtliche Polizei zu verständigen. Daraufhin wird automatisch ein Todesermittlungsverfahren unter Einbeziehung der Staatsanwaltschaft eingeleitet und die Leiche vorerst beschlagnahmt. Erst kamen Polizisten aus dem Ort, später traf auch die Kriminalpolizei aus

dem Landkreis Rosenheim ein. Inzwischen war mein Vater schon seit Stunden tot. Die Polizisten befragten meine Mutter und durchsuchten die Hütte. Wie schlimm es meiner Mutter in dieser Situation erging, kann ich kaum ermessen. Dass sie nicht automatisch als Verdächtige, sondern nur als Zeugin befragt wurde, war wohl kaum ein Trost für sie.

Irgendwann an diesem Abend hat meine Mutter erst mich und dann meine jüngere Schwester angerufen, die gerade nichts ahnend von einem Fest im Tennisclub mit den Kindern zurückgekommen war.

Da ich zu dieser späten Uhrzeit keinen Flug mehr aus Düsseldorf bekam, buchte ich für den folgenden Morgen den ersten Flug nach München. Ich lief im Krisenmodus, erledigte alles wie ferngesteuert und verdrängte meine Angst und Trauer, so gut es ging.

> *Ich erledigte alles wie ferngesteuert und*
> *verdrängte meine Angst und Trauer.*

Was tun in einem solchen Todesfall? Ich rief Freunde an, die ein Bestattungsinstitut betreiben. Sie waren späte Anrufe gewöhnt, das wusste ich von gemeinsamen Abendessen. Und so erhielt ich wertvolle Tipps: Statt der üblichen drei Sterbeurkunden mindestens zehn ausstellen lassen und zusätzlich noch internationale Dokumente für mögliches Auslandseigentum. Zudem nicht das ganze Bestattungspaket vor Ort kaufen, sondern im Heimatort mit ein bisschen Abstand zum Geschehen. Mit diesen Informationen ausgestattet, flog ich nach einer schlaflosen Nacht nach München und fuhr von dort aus weiter mit dem Taxi an den Tegernsee.

Meine Mutter sah sehr mitgenommen aus. Auch sie hatte trotz der Beruhigungsspritze vom Notarzt nicht geschlafen. Ihr Blick war tieftraurig und erschöpft. Doch sie wollte unbedingt noch vor Ort bleiben. Es wäre doch noch so viel zu erledigen. Schließlich konnte ich sie doch noch dazu überreden, nach der Freigabe der Leiche meines Vaters durch die Staatsanwaltschaft und nach einem Gespräch mit dem Bestatter mit mir nach Hause zu fliegen. Vorher riefen wir noch die Geschwister meiner Eltern und die engsten Freunde an, um sie über das plötzliche Ableben meines Vaters zu informieren. In der Firma benachrichtigte ich lediglich unseren kaufmännischen Geschäftsführer. Noch war nicht klar, wann wir die anderen Mitarbeiter informieren würden.

Als Todesursache war auf dem Todesschein meines Vaters Herzversagen vermerkt. Seinen Hausarzt wunderte das. Mein Vater hatte zwar einige der klassischen Risikofaktoren, er war etwas übergewichtig und bewegte sich zu wenig. Allerdings waren bei allen vorherigen Untersuchungen keine Auffälligkeiten festgestellt worden. Zudem hatte er gerade eine vierwöchige Kur im Schwarzwald hinter sich. Stress oder Ärger im Geschäft hatte er auch nicht. Am Tag seines Todes hatte ich ihm mitgeteilt, dass das Ergebnis der laufenden Betriebsprüfung wesentlich günstiger ausgefallen war, als der Steuerberater befürchtet hatte. Es gab also keinerlei Grund zur Sorge. Oder doch?

2. WENN DAS HERZ NICHT MEHR SCHLAGEN WILL

Warum stirbt ein vitaler Mann just zu dem Zeitpunkt, da für ihn alle Zeichen auf Entspannung, Ruhe und Entlastung stehen? Diese Frage hat mich nach dem Tod meines Vaters nicht losgelassen. Ich erinnerte mich an ein Buch, das ich Jahre zuvor gelesen hatte.

David Servan-Schreibers *Die neue Medizin der Emotionen*[2] beschreibt den großen Einfluss der Gefühle auf das körperliche Befinden. Der Neurologe und Psychiater belegt diesen Zusammenhang mit vielen Beispielen. Herbert von Karajan etwa, dem seine Arbeit im wahrsten Sinne des Wortes sehr am Herzen lag. Mediziner haben mittels Kardio- und Enzephalografen nachgewiesen, dass sich der Herzschlag des Dirigenten an den Rhythmus der Musik anpasst. Wurde die Melodie langsamer, zeigten die Aufzeichnungen einen ruhigeren Herzschlag, bei besonders gefühlsgeladenen Passagen hingegen schwankte die Herzfrequenz stark. Und was geschah, als Herbert von Karajan bei den Berliner Philharmonikern in den Ruhestand ging? Wenige Monate nachdem er nicht mehr dirigierte, hörte sein Herz auf zu schlagen.

> *Pensionierungstod: Viele Menschen sterben,*
> *wenn sie ihre Aufgaben erfüllt haben.*

Dieses rätselhafte Phänomen des Todes kurz nach dem Ende des Erwerbslebens ist in vielen Studien untersucht worden. Der Mediziner und Mitbegründer der Psychosomatik Arthur Jores spricht vom »Pensionierungtod«.[3] Seiner Ansicht nach sterben viele Menschen, wenn sie ihre Aufgaben erfüllt haben oder

keine Möglichkeit mehr sehen, etwas Sinnvolles zu verwirklichen.

Ausgangspunkt seiner These war eine Fallstudie über 63 Hamburger Beamte, die wegen ihrer Nazivergangenheit nach Kriegsende vorzeitig aus dem Staatsdienst entlassen worden waren. Innerhalb von fünf Jahren starben zwei Drittel dieser Frühpensionäre an Herzinfarkt, Schlaganfall oder Krebs, obwohl manche noch weit entfernt vom Rentenalter waren. Auch bei einer Untersuchung der Lebensläufe von Lehrern fiel Jores auf, dass überdurchschnittlich viele bereits im ersten oder zweiten Jahr ihrer Pensionierung starben. Das deutet auf einen klaren Zusammenhang zwischen Tod und fehlendem Lebenssinn hin.

»OHNE DIE FIRMA BIN ICH NICHTS«

Neuere Studien bestätigen das Phänomen des Pensionierungstods. Besonders berührt hat mich ein Artikel zu diesem Thema in der *Süddeutschen Zeitung*. Unter der Überschrift »Tod aus der Seele« berichtet der Zürcher Psychotherapeut und Physiker Gary Bruno Schmid vom Tod des eigenen Vaters kurz nach dem Eintritt in den Ruhestand im Alter von 66 Jahren. »Er war vital und guter Dinge«, erinnert sich Schmid. »Aber von heute auf morgen starb er, mitten in der Nacht.«[4] Nach diesem schmerzhaften Verlust hat Schmid über das sogenannte psychogene Sterben – den seelisch bedingten Tod – recherchiert und vor wenigen Jahren ein wissenschaftliches Buch dazu veröffentlicht.

Ist auch mein Vater gestorben, weil er keinen Sinn darin sah, jenseits seines aktiven Berufslebens fortzuleben? Eine weitere Beobachtung bestärkt mich in dieser Erklärung für seinen frühen Tod. Etwa im gleichen Alter, in dem mein Vater verstarb, er-

krankten zwei seiner geschäftlichen Wettbewerber schwer. Peter Dussmann, ein willensstarker Selfmademan wie mein Vater, erlitt während einer Reise nach Rom im Jahr 2008 einen Schlaganfall. Erst sechs Wochen später erwachte der 70-Jährige aus dem Koma. Danach war er auf den Rollstuhl angewiesen und konnte nur noch Ja und Nein sagen. Fünf Jahre lang quälte er sich, geplagt von Wein- und Wutkrämpfen, durch das Leben, bis er 2013 verstarb.

Ein ähnliches Schicksal ereilte den Unternehmer Hartwig Piepenbrock. 2009 erkrankte der 72-Jährige an Demenz vom Typ Alzheimer. Auch er war auf eine Pflege rund um die Uhr angewiesen. Seine Tochter Astrid Hamker beschrieb ihn als »unglücklich«. Die Familie habe alles versucht, um ihm das Leben erträglicher zu machen, erzählt Hamker.[5] Doch zu sehen, wie dieser einst so aktive, schnell denkende Entscheider immer hilfloser wurde, sei schier unerträglich gewesen. Vier Jahre nach der Demenz-Diagnose starb auch er.

Das existenzielle Lebensthema meines Vaters war sein Unternehmen. »Ohne die Firma bin ich nichts«, hat er einmal gesagt.

»Ohne die Firma bin ich nichts.«

Kein Hobby, kein anderes Engagement hätte ihm dieses starke Gefühl des Gebrauchtwerdens ersetzen können. Als er in seiner Berghütte am Tegernsee von der erfolgreich abgeschlossenen Betriebsprüfung erfuhr, wirkte das vielleicht wie ein Trigger. Möglicherweise trat ihm damit erstmals unübersehbar vor Augen, dass sein Zenit schon lange überschritten war und die junge Generation auch ohne ihn klarkommt. Er wurde in der Firma nun definitiv nicht mehr gebraucht, also ging er.

3. MIT ZWEI KOFFERN HIN, MIT EINEM ZURÜCK – DIE VERLORENE MITTE

Zurück aus München, stand meine Mutter eigenartig verloren am Gepäckband des Düsseldorfer Flughafens. Nie war sie ohne meinen Vater gereist, und nun kam sie alleine zurück – mit nur einem Koffer, seinen Papieren, seinem Timer und seinen Schlüsseln. Mein Freund nahm sie draußen schweigend in die Arme und gab ihr Halt an seiner Schulter. Gemeinsam fuhren wir zu ihr nach Hause, dort wartete meine Schwester schon auf uns. Alle wollten wir erst einmal nur über das reden, was passiert war. Unfassbar war das alles, noch nicht real. Hatte irgendjemand von uns vorher etwas gemerkt? Hatte sich mein Vater krank gefühlt? Wirkte er öfters schwach oder niedergeschlagen? Gab es Anzeichen für eine Herzerkrankung? Nein, da waren wir uns alle einig.

Auf ihren Wunsch ließen wir meine Mutter an diesem Abend alleine. Zweiunddreißig Jahre lang hatten sie und mein Vater in diesem Haus in Krefeld gewohnt, und nun blieb sein Platz neben ihr für immer leer.

In den nächsten beiden Tagen machten wir uns Gedanken über das Begräbnis. Freunde meiner Mutter nannten uns die Adresse eines renommierten Bestattungshauses vor Ort. Die wichtigste Frage war, ob die Beerdigung in großem oder kleinem Rahmen stattfinden sollte. Bei der ersten Variante wären neben den langjährigen Freunden aus dem Studium und der Region auch Mitarbeiter, Kunden, Lieferanten, Geschäftspartner und Politiker aus Düsseldorf gekommen. Wie das nun mal ist, wenn ein Mittelständler nach über 40 Jahren Unternehmertum stirbt. Da meine Mutter aber kaum jemals näher mit dem

Geschäft meines Vaters zu tun hatte, wollte sie keine Zeremonie mit Menschen, die sie nicht persönlich kannte. So fand die Trauerfeier letztlich im »kleinen Familien- und Freundeskreis« statt.

In der Woche, die zwischen dem Tod meines Vaters und seiner Beerdigung lag, sollte noch sehr viel passieren. So viel, dass ich heute gar nicht mehr weiß, wie ich das alles körperlich und seelisch geschafft habe. Nach außen behielt ich die Fassung, agierte routiniert und kopfgesteuert. Doch innerlich trieben mich heftige Gefühlswallungen um: die Trauer über den Verlust des Vaters, die Angst um die Existenz unseres Unternehmens, der Groll über diesen plötzlichen Tod und auf die klaffende Lücke, die er hinterlassen hat. Seit ich denken kann, liefen alle Fäden bei meinem Vater zusammen.

Seit ich denken kann, liefen alle Fäden bei meinem Vater zusammen.

Er und seine Firma – das war eine untrennbare Einheit, der Monolith, um den alles andere kreiste. Wer sollte diese Schlüsselposition jemals einnehmen können?

IM SOG DES UNTERNEHMENS

»Die Firma geht vor« war einer der Leitsätze meines Vaters und eine unausgesprochene Maxime unserer Familie. Das Unternehmen stand bedingungslos über allen persönlichen und familiären Interessen. Jeden Tag brachte mein Vater seine beruflichen und wirtschaftlichen Sorgen mit zum gemeinsamen Abendessen. Und keinem Familienmitglied blieb es erspart, am

Wohl und Wehe des Geschäfts teilzuhaben. Wenn eine Ferienreise wegen Geschäftsangelegenheiten abgesagt werden musste, nahmen wir das klaglos hin. Selbst im Urlaub telefonierte mein Vater jeden Morgen mit der Firma – an der Rezeption oder in der Telefonzelle des Hotels. Zimmertelefone oder Handys gab es Ende der 1970er Jahre noch nicht. Erst danach gingen wir gemeinsam auf die Skipiste oder an den Strand. Warum das unbedingt nötig war, darüber hätten wir niemals mit ihm diskutiert. Und selbst wenn, wäre die Antwort meines Vaters klar gewesen: Die Firma geht vor – aus, Schluss, basta!

Durch seine patriarchisch-autoritäre Art beeinflusste er unsere Erziehung weit mehr als meine Mutter. Dabei galten die Regeln des Unternehmers zum Teil auch für uns Kinder. Wenn wir zu lange redeten, unterbrach er uns mit der ungeduldigen Frage:»Und was ist jetzt deine Botschaft?« Nie lauteten unsere Entschuldigungen bei Krankheit in der Schule wie die anderer Kinder. Er schrieb sie im formalen Stil eines Geschäftsbriefs:»Ich bitte Sie, das Fehlen meiner Tochter aufgrund einer Erkrankung des Magens zu entschuldigen und dies in Ihren Unterlagen (gemeint war das Klassenbuch) zu vermerken.«

Ich fühlte mich früh verpflichtet, die Führungsverantwortung in der Firma zu übernehmen.

Als es um die Entscheidung ging, was meine Schwester und ich studieren sollten, ließ mein Vater uns scheinbar freie Hand. Meine Schwester schrieb sich für Grundschulpädagogik ein. Sie konnte schon immer gut mit Kindern umgehen und sah ihre Neigungen im Lehrerberuf am besten verwirklicht. Ihr war es schon immer leichter gefallen als mir, sich dem Sog des vä-

terlichen Unternehmens zu entziehen. Ich hingegen fühlte mich schon früh verpflichtet, der familiären Tradition zu folgen, und richtete alle meine Ausbildungen darauf aus, künftig Führungsverantwortung in der Firma zu übernehmen.

Eine Weichenstellung, mit der ich später im Job manchmal haderte. Selten bekam ich von meinem Vater die von mir erhoffte berufliche Anerkennung. Und dann zog ich schon mal Bilanz auf meinem inneren Konto und rechnete auf, welche tatsächlichen oder vermeintlichen Opfer ich für die Firma erbracht hatte. Ich sehnte mich danach, etwas von der Zuwendung zurückzubekommen, die ich als Kind und Heranwachsende in die Beziehung zu meinem Vater investiert hatte. Und wenn diese Gegenleistung ausblieb, konnte das schon mal in einer lautstarken Diskussion mit ihm enden, in der ich in Tränen ausbrach. Zu tief war an mancher Stelle die innerliche Leere.

BLOSS KEINEN STREIT!

Konflikte waren in unserer Familie kein großes Thema. Probleme wurden unter den Teppich gekehrt und in den Mantel der Harmonie gehüllt. In Unternehmerfamilien ist diese Tabuisierung schwelender Probleme wohl keine Ausnahmeerscheinung.

»Diese Familien prägen oft Kommunikationsformen aus, die das offene Thematisieren von persönlichen Bedürfnissen, das ungenierte Ansprechen von Interessenskonflikten, von Macht- und Rivalitätsauseinandersetzungen nicht gerade befördern«, heißt es dazu in Fritz B. Simons Buch *Die Familie des Familienunternehmens*.[6]

Auch in unserer Familie blieb vieles ungesagt. Selten gab es eine von unterschiedlichen Interessen und Standpunkten be-

stimmte Diskussion. Mein Vater hatte ohnehin immer recht. Er war sehr belesen und argumentierte scharfsinnig und eloquent. Deshalb blieb uns meistens nichts anderes übrig, als ihm zuzustimmen. Dazu gab es sogar ein scherzhaftes Familiengesetz: »§ 1: Papa hat immer recht. § 2: Sollte Papa mal nicht recht haben, tritt sofort § 1 in Kraft.«

In Unternehmerfamilien ist das Tabuisieren schwelender Probleme keine Ausnahmeerscheinung.

Die Rolle meiner Mutter war bei solchen Diskussionen eher schlichtend. Sie blieb beobachtend im Hintergrund, oder ihr wurde, falls sie doch einmal das Wort ergriff, von meinem Vater ebenso über den Mund gefahren wie uns. Ihr Aufgabengebiet galt hauptsächlich der Versorgung der Familie, so wie die Rollenverteilung in der Generation meiner Eltern meist üblich war und wie sie meine Mutter auch akzeptiert hat. Das »Kommando« hatte mein Vater, zu Hause ebenso wie in der Firma. Nicht, dass ich hier das Bild einer restlos unterdrückten Familie zeichnen möchte. Wir durften meinen Vater schon kritisieren. Als Rückmeldung seufzte er dann, dass ihn alle mögen würden, nur seine eigene Familie nicht. Darauf konterte ich, dass wir schließlich die Einzigen wären, die ehrlich zu ihm sein könnten. Und damit war die Diskussion meistens beendet. Ein konstruktives Streitgespräch auf Augenhöhe mit seiner Tochter hätte nicht in sein Weltbild gepasst. Mein Vater wollte uns als rundum behütete und sorgenfreie Wesen aufwachsen lassen. Im Gegenzug forderte er, wenn auch unbewusst, dafür die Anpassung an seine traditionellen Rollenbilder. Eine meiner Freundinnen fand einmal ein treffendes Bild zu diesem Thema: »Ihr sitzt in

einem goldenen Käfig, den euer Vater von Jahr zu Jahr vergrößert, damit ihr nicht auf die Idee kommt auszufliegen.«

Der Patriarch wollte seine Töchter vor der rauen Geschäftswelt schützen.

Dass wir uns jemals seiner väterlich-fürsorglichen Herrschaft entziehen würden, kam für ihn nicht in Frage. Der Patriarch wollte seine Töchter vor der rauen Geschäftswelt schützen.

Selbst über seinen Tod hinaus – wie sich später zeigen sollte.

4. UNTERNEHMERFAMILIEN – FAMILIENUNTER-
NEHMEN. ZWEI SYSTEME MIT GEGENLÄUFIGEN
SPIELREGELN

Schon früh war mir klar, dass wir als Unternehmerfamilie anders tickten als die Familien von Angestellten. Aber erst viel später habe ich begriffen, wie spannungsgeladen ein Familienleben ist, das ständig von der betrieblichen Sphäre überlagert wird. Fritz B. Simon, Professor am Institut für Familienunternehmen der Universität Witten/ Herdecke, erforscht diese Problematik seit Jahren. In seinem bereits zitierten Buch *Die Familie des Familienunternehmens – Ein System zwischen Gefühl und Geschäft* beleuchtet er jene verdeckten Konflikte und Rollenzuschreibungen, die auch in unserem Familienleben immer wieder für Irritationen sorgten.[7]

Aus der Sicht des Wissenschaftlers entstehen Spannungsfelder zwischen dem familiären und dem unternehmerischen Bereich, weil in beiden Systemen Gesetzmäßigkeiten wirken, die komplett gegenläufig sind. Was in der einen Logik richtig erscheint, kann aus der anderen Logik heraus grundfalsch sein.

Im Unternehmen sind Menschen Funktionsträger, die ausgetauscht werden, wenn sie nicht funktionieren. In der Familie dagegen lassen sich die Mitglieder nicht so einfach austauschen, wohl aber deren Funktionen. Omas übernehmen die Mutterrolle, Söhne springen als Ernährer ein, Töchter pflegen ihre betagten Eltern.

In Unternehmen ist die Kommunikation formal und schriftlich fixiert. Anders in der Familie: Hier wird rein mündlich kommuniziert – und manches, was gesagt wurde, wird oft ganz

anders erinnert, gerät in Vergessenheit oder lässt sich später nicht mehr nachweisen.

Im Betrieb sind Leistung und Entlohnung zeitlich eng verknüpft. Ansprüche lassen sich einklagen, oder sie verfallen. In der Familie dagegen funktioniert die »Entlohnung« nach dem Tauschprinzip. Für Dienste an Angehörigen erwartet niemand sofortige oder gar monetäre Belohnung. Allerdings sammelt jeder »persönliche Schuldscheine« und führt darüber eine innere Bilanz. Eingeklagt werden diese offenen Rechnungen aber meist erst Jahrzehnte später, bei einem Familienstreit, nach einem Todesfall, manchmal auch gar nicht.

Emotionen spielen in Unternehmen eine wesentlich geringere Rolle als in Familien. Entscheidungen werden meistens aus sachlichen Gründen getroffen. Demgegenüber kochen die Gefühle in Familien oftmals recht hoch. Die Ansprüche an die Vermittlung von Geborgenheit, Sicherheit und Zuverlässigkeit sind groß, und das birgt immer auch die Gefahr von bitteren Enttäuschungen und schmerzlichen Verletzungen.

Im Unternehmen ist Überleben immer ökonomisch definiert. Wenn kein Geld mehr fließt, ist die Firma pleite. Familien hingegen können auch unter schlechten ökonomischen Bedingungen überleben. Solange sie sich durch Gefühle wie Liebe, Zuneigung, Verpflichtung und Dankbarkeit zusammengehörig fühlen, geht die Familie nicht bankrott.

MIT HÜTEN JONGLIEREN

Die Gegenüberstellung dieser beiden Systeme ist natürlich sehr holzschnittartig. Doch ich weiß aus eigener Erfahrung, dass es für Unternehmerfamilien schier unmöglich ist, diese gegensätzlichen Spielfelder immer säuberlich zu trennen. In Familien von Angestellten herrschen dagegen sehr geordnete Verhältnisse. Arbeit und Familie sind zwei zeitlich und räumlich klar voneinander getrennte Systeme mit eigenen Regeln. Tagsüber spielt Papa die Angestelltenrolle, nach Feierabend setzt er den Familienvaterhut auf. So ein nahezu automatischer Rollenwechsel gelingt in Unternehmerfamilien nur selten. Auch in unserer Familie mussten wir immer mit mehreren Hüten jonglieren, und das ging nicht immer gut.

Für Unternehmerfamilien ist es schier unmöglich,
Arbeit und Familie zu trennen.

Ich erinnere mich an Geschäftsführungssitzungen, in denen mein Vater mich weniger als geschäftliche Partnerin behandelt hat, sondern vielmehr als seine Tochter. Er bat mich, Getränke zu organisieren, und schob mir seine Brille zum Putzen über den Konferenztisch. Ich widersprach ihm nicht, aber innerlich kochte ich vor Wut.

Diese Rollenkonfusion erlebte ich auch mit umgekehrtem Vorzeichen. Als ich den Unternehmensbereich eines ausgeschiedenen Geschäftsführungskollegen übernahm, war ich durch die neue Verantwortung sehr angespannt und bat meinen Vater um Unterstützung. Doch plötzlich trug er den Unternehmerhut und erwiderte kühl:»So ist das Geschäftsleben, das ist ab

jetzt immer so. Da musst du alleine durch.« Diese Bemerkung hat mich zutiefst gekränkt, weil ich just in dem Moment das brennende Bedürfnis nach einem fürsorglichen Vater hatte. Und damit war natürlich auch ich mit meinen Gefühlen und Ansprüchen auf dem falschen Spielfeld unterwegs.

Bewusst wurde mir dieses subtile »Hütchenspiel« erst vor kurzem, als ich beim jährlichen Kongress für Familienunternehmen in Witten das sogenannte »Drei-Kreis-Modell« von Renato Tagiuri und John Davis kennenlernte. Die beiden Harvard-Wissenschaftler entwickelten dieses Schema, um die Rollenkonflikte in Unternehmerfamilien besser zu verstehen und einordnen zu können. Grundsätzlich erklären sich alle Besonderheiten solcher Familien aus der mehr oder weniger engen Koppelung von Geschäft, Familie und Eigentum.

Alle Unternehmerfamilien müssen sich mit diesen drei Systemen auseinandersetzen. Und je nach Zugehörigkeit zu einem, zwei oder allen drei Systemen haben die einzelnen Familienmitglieder unterschiedliche Verantwortungen, Bedürfnisse, Interessenlagen und Beziehungen zueinander. Dass damit viele Verwicklungen, Fehlschlüsse und Widersprüche einhergehen, liegt auf der Hand.

Die Besonderheiten von Unternehmerfamilien erklären sich aus der engen Koppelung von Geschäft, Familie und Eigentum.

Mein Vater und ich waren auf allen drei Spielfeldern unterwegs und damit enger mit dem Unternehmen verbunden als die anderen Familienmitglieder. Geschehnisse in unserer Firma beeinflussten nicht nur unsere Stimmungslage, sondern sogar unseren Gesundheitszustand. Wenn etwas nicht rundlief,

flammte meine chronische Nasennebenhöhlenentzündung auf. Und der körperliche »Geschäftsseismograf« meines Vaters war möglicherweise sein Herz, obwohl er bis zu seinem Tod keine behandlungsbedürftigen Herzprobleme hatte.

Meine Mutter trat auf der Bühne des Geschäfts nicht in Erscheinung. Sie bewegte sich hinter den Kulissen auf dem Spielfeld der Familie und übernahm den ausgleichenden Part. Wenn die Gespräche über das Geschäft in der Familie überhandnahmen, griff meine Mutter als Fürsprecherin des Privatlebens ein. Sie setzte zum Beispiel durch, dass die Familie während der Weihnachtsfeiertage nicht über das Geschäft reden durfte. Auch meine Schwester war nie im Unternehmen aktiv, hielt allerdings Anteile an der Firma und mischte damit auf dem Spielfeld des Eigentums mit. Mein Schwager wiederum war nicht nur Teil der Familie, sondern auch im Unternehmen beschäftigt, aber er gehörte nicht zu den Eigentümern.

ZWISCHEN GEFÜHL UND GESCHÄFT

Kein Wunder also, dass wir als Unternehmerfamilie nicht immer die gleichen Interessen verfolgten. Daran änderte auch der Tod meines Vaters nichts. Im Gegenteil: Nun erst drang schmerzlich an die Oberfläche, dass jedes Mitglied unserer Familie die zu treffenden Entscheidungen aus der eigenen Perspektive beurteilte. Und wie nicht anders zu erwarten, mündete das auf allen Seiten in Enttäuschungen.

Ich habe viel darüber nachgedacht, ob diese Situation vermeidbar gewesen wäre. Heute glaube ich: Ja, wenn wir uns zusammengesetzt hätten, um offen und unbelastet über unsere unterschiedlichen Rollen, Erwartungen und Bedürfnisse zu re-

den. Idealerweise wäre das noch zu Lebzeiten meines Vaters geschehen. Dann hätten wir den schwierigen Spagat zwischen Gefühl und Geschäft wohl besser gemeistert.

Vor dieser Herausforderung stehen nahezu alle Unternehmerfamilien, so verschieden sie sonst auch sein mögen. Durch die unterschiedlichen Rollen und Erwartungen ihrer Mitglieder müssen sie tagtäglich eine sehr hohe Komplexität bewältigen.

Unternehmerfamilien müssen durch die unterschiedlichen Rollen ihrer Mitglieder täglich eine hohe Komplexität bewältigen.

Und dabei laufen sie immer Gefahr, sich in tiefe Konflikte zu verstricken. Konflikte übrigens, die in Unternehmerfamilien meistens anders ausgetragen werden als Streitigkeiten in »normalen« Familien. Aus eigener Erfahrung weiß ich, dass persönliche Bedürfnisse, Interessenkonflikte oder Rivalitäten in Unternehmerfamilien selten frank und frei thematisiert werden. Aus diesem Grund wird auch das Thema der Nachfolgeregelung oft jahrelang tabuisiert. Zu groß erscheinen die damit verbundenen emotionalen Belastungen, Verletzungsmöglichkeiten und Abwertungsgefahren.

Auch mein Vater ist diesem Thema immer ausgewichen. Aus unternehmerischer Sicht war das höchst unklug, aus seiner persönlichen Perspektive jedoch ein wirksamer Selbstschutz. »Ich bin doch gleich tot, wenn ich mich mit meinem Testament beschäftige!«, hat er einmal gesagt. Das war nur halb im Scherz gemeint – als launige Abwehrtaktik. Allein die Vorstellung, sein Unternehmen in andere Hände abzugeben, muss er als höchst bedrohlich empfunden haben.

Schließlich war die Firma sein Baby, seine Herzensangelegenheit und sein Lebenswerk, geschaffen mit bedingungslosem Einsatzwillen aus dem Nichts.

5. FREIGEIST MIT UNTERNEHMER-GEN

Mein Vater wurde im November 1940 im sächsischen Chemnitz am Nordrand des Erzgebirges geboren. Seine Eltern lebten in einem Haus mit Garten im zehn Kilometer entfernten Grüna. Mein Großvater Kurt war mit fünfzig schon recht alt für die Vaterrolle. Er arbeitete als selbständiger Handelsvertreter für Kurzwaren. Zu Kriegszeiten war das ein Glück, weil er die Familie mit allem Notwendigen versorgen konnte. Meine Großmutter Elisabeth, genannt Lia, nutzte den Garten zum Anbau von Obst und Gemüse, und so litt die Familie während dieser Zeit nicht an Hunger. Lia war das ausgleichende Element in der Familie und pufferte mit ihrer Herzlichkeit die allzu disziplinierte und strenge Gemütsart meines Großvaters ab. Ein enges Verhältnis hat mein Vater nie zu ihm gehabt. Das versuchte er später bei uns Kindern im Übermaß wettzumachen. Noch als ich längst erwachsen war, hat mein Vater mich mit guten Ratschlägen förmlich bombardiert.

Im Hause Schubert in Grüna wurde neben der Schulbildung auch Wert auf eine musische Förderung gelegt. Jeden Sonntag nach dem Mittagessen stand Hausmusik auf dem Programm. Mein Vater spielte seit Kindertagen Klavier, meine Großmutter sang, und der Großvater spielte Cello.

Als mein Vater neun Jahre alt war, wurde aus der »Ostzone« der Nachkriegszeit offiziell die Deutsche Demokratische Republik. Während seiner Schulzeit, die geprägt war von der Heranbildung »sozialistischer Persönlichkeiten«, wurde seine Geburtsstadt Chemnitz in Karl-Marx-Stadt umbenannt. Rasch lernte er, dass man weder in der Schule noch im Freundeskreis offene Kritik am Regime äußern durfte. Das konnte als Repu-

blikverrat gewertet und an einen Stasi-Mitarbeiter gemeldet werden. Und dann drohten drakonische Strafen – vom Gefängnisaufenthalt über Lagerhaft in Sibirien bis zur Todesstrafe. Diese Kindheitserfahrung hat meinen Vater für immer geprägt. Einer seiner Leitsätze hieß »Der Feind hört immer mit«. Er hat uns beigebracht, stets auf der Hut zu sein und niemandem zu trauen.

Mein Vater war ein geborener Freigeist und deshalb auch kein Freund des Sozialismus. Seine Abneigung gegen das System brach schon während seiner Schulzeit durch. Als er einen Aufsatz über die Vorzüge des Sozialismus schreiben sollte, gab er ein leeres Blatt ab.

Als mein Vater einen Aufsatz über die Vorzüge des Sozialismus schreiben sollte, gab er ein leeres Blatt ab.

Angesichts der politischen Lage eine sehr mutige Protestaktion, die allerdings bittere Konsequenzen hatte. So kurz vor dem Abitur wollte ihn der Direktor zwar nicht der Schule verweisen. Doch das Abschlusszeugnis bekam mein Vater per Post, und von der Abiturfeier wurde er ausgeschlossen. Viel schlimmer für ihn wog allerdings, dass ihm auch das Studium verwehrt wurde. Stattdessen sollte er sich ein Jahr im Braunkohlewerk Schwarze Pumpe bei Hoyerswerda als Brikettpresser verdingen, um an seiner sozialistischen Gesinnung zu arbeiten. Das ging ihm natürlich völlig gegen den Strich. Und so beschloss mein Vater 1959, aus dem Osten zu fliehen. Trotz aller Reiserestriktionen fuhr zu dieser Zeit immer noch eine durchgängige U-Bahn-Linie durch Ost- und Westberlin. Und so reiste mein Vater unter dem Vorwand, seine Stelle im Braunkohlewerk an-

zutreten, von Grüna nach Ostberlin, um dann mit der U-Bahn in den Westen zu fliehen.

Sein erster Anlaufpunkt war ein Auffanglager in Westberlin. Man nahm seine Daten auf und teilte ihm mit, dass sein gerade bestandenes Abitur im Westen nicht zählte. Er musste es nach bundesdeutschen Regeln nachholen. Dazu wurde er in das Internat »Schloss Einsiedel« in Kirchentellinsfurt bei Stuttgart geschickt. Dort konnte er sich ein Jahr lang auf das West-Abi vorbereiten. Der Kontakt zu seinen Eltern war ihm verwehrt, da sie nach der Flucht ihres Sohnes unter der strengen Beobachtung der Stasi standen. Doch Onkel Walter, der Bruder meiner Oma Elisabeth, war bereits früher aus dem Osten nach Isny ins Allgäu geflohen. Er hatte ursprünglich in Gössnitz eine Motorenfabrik besessen und stellte unter anderem Fahrradmotoren her. Als Stalin im Juli 1952 der SED-Führung von Ulbricht freie Hand für einen forcierten Aufbau des Sozialismus gab und Industriebetriebe verstaatlicht wurden, floh er mit seiner Familie ins Allgäu. Bei Onkel Walter verbrachte mein Vater nun die Feiertage. Später besuchte sein Onkel ihn während der Studienzeit und führte den mittellosen Studenten zum Essen aus.

FRÜH EINEN RIECHER FÜRS GESCHÄFT

Christoph Schubert begann sein Studium der Betriebswirtschaft in Baden-Württemberg an der Universität Tübingen und trat als Protestant in eine katholische Studentenverbindung ein, den KV Rechberg. Diese frühe Form von »Networking« verhalf ihm zu Kontakten, die ihm in seinem späteren Geschäftsleben immer wieder zugutekamen.

Um seinen Unterhalt zu bestreiten, nahm mein Vater jegliche Arbeit an, die er bekommen konnte.

Mal schleppte er Zementsäcke auf dem Bau, mal glasierte er in einer Fabrik Kochtöpfe.

Da Tübingen kein BWL-Hauptstudium anbot, wechselte mein Vater 1961 an die Ludwig-Maximilians-Universität in München. Ein Stipendium der Allianz-Versicherung für Studenten machte ihm das Auskommen etwas leichter. Mein Vater durfte sogar mittags kostenlos in der Allianz-Betriebskantine essen.

Um seinen Unterhalt zu bestreiten, nahm mein Vater jegliche Arbeit an.

Jetzt verstehe ich auch, warum er nahezu alle unsere Versicherungen mit diesem Unternehmen abgeschlossen hat.

Da das Stipendium nur während der Semesterzeiten gezahlt wurde, arbeitete mein Vater während der vorlesungsfreien Zeit. Freunde berichten, dass er einen »schwunghaften Handel mit Elektrogeräten« betrieben hat. Aber auch während des Semesters zeigte er sich geschäftstüchtig. Er schrieb zum Beispiel Vorlesungen mit und verkaufte die Skripte an andere Studenten. Und bald schon honorierte er die Assistenten direkt und bekam die Vorlesungstexte im Original. Damit verschaffte er sich einen entscheidenden Wettbewerbsvorsprung gegenüber den anderen »Anbietern« solcher Services. Anscheinend war sein Sinn für das Marktgeschehen damals schon sehr ausgeprägt.

Eine Schwester meines Großvaters Kurt, Tante Lene, lebte mit ihrem Mann in England. Von dort schickte sie ihm immer wieder Pakete mit Lebensmitteln. Aus dieser Zeit stammt die spätere Abneigung meines Vaters gegen Corned Beef, das be-

rühmt-berüchtigte gepökelte Rindfleisch aus der Dose. Das Teetrinken hat er allerdings zeitlebens beibehalten.

Mein Vater war immer schon vielseitig interessiert. Deshalb besuchte er im Sinne des »Studium generale« auch Vorlesungen anderer Disziplinen. Das verhalf ihm nicht nur zu einem breiten Wissenshintergrund, sondern auch zu einem bunt gemischten Bekanntenkreis. Als Musikliebhaber versuchte er, trotz knapper Kasse, so oft wie möglich in die Oper zu gehen. Er wartete bis kurz vor Beginn der Vorstellung, um eine der günstigen Studentenkarten zu ergattern. Das waren meistens Stehplatzkarten in den hintersten Rängen. Umso mehr genoss er es später, uns in die berühmten Opernhäuser von Wien, Berlin oder Venedig auszuführen und sich die teuren Karten in der Nähe der Bühne zu leisten.

FASCHINGSFEST MIT FOLGEN

Gegen Ende des Studiums lernte er meine Mutter Heidi kennen. Sie kam ursprünglich aus dem Sauerland, hatte sich aber direkt nach der mittleren Reife an einer Schwesternschule in Heidelberg beworben, um, wie sie sagte, »der Provinz den Rücken zu kehren«. Nach erfolgreichem Abschluss arbeitete sie zunächst in der Frauenklinik als OP-Schwester, wechselte dann aber mangels Aufstiegsmöglichkeiten in die Abteilung »Psychosomatische Medizin« des berühmten Professors Alexander Mitscherlich. Der Psychoanalytiker und Hochschullehrer an der Universität Heidelberg war damals schon so bekannt, dass regelmäßig Fernsehteams in seinem Büro erschienen. Das dort gewonnene psychologische Rüstzeug hat meine Mutter wohl auch stark genug gemacht, um meinem Vater und mir in see-

lisch belastenden Situationen beizustehen. Nicht jeder hätte uns so gut verstanden. Beide waren wir äußerlich stark, dennoch sehr sensibel – harte Schale, weicher Kern, wie es so schön heißt.

Meine Mutter wechselte 1964 nach München, um sich beruflich weiterzuentwickeln. Dort arbeitete sie bei den Barmherzigen Brüdern als OP-Schwester. Auch ein Job, bei dem man starke Nerven braucht.

1965 lernten sich meine Mutter und mein Vater bei einem Faschingsfest im Haus der Kunst kennen. Für meinen Vater war es das vierundzwanzigste Faschingsfest der Saison – und mit Abstand das folgenreichste. Aus dem abendlichen Flirt wurde eine feste Beziehung. Mittlerweile hatte mein Vater sein Examen als Diplomkaufmann in der Tasche. Seine Diplomarbeit hatte das Thema »Die Problematik der Finanzierung mit Gesellschafterdarlehen«. Er schrieb die Arbeit am Institut von Professor Edmund Heinen. Dessen damaliger Assistent, Heribert Meffert, war später in Münster mein Professor für Marketing. So schließt sich wieder ein Kreis.

Die Abschlussklausuren meines Vaters brachten seinen Professor in eine brenzlige Lage.

Die Abschlussklausuren meines Vaters brachten seinen Professor in eine brenzlige Lage.

Zweifellos hatte er da eine Arbeit mit großem Potenzial vor sich, sie war wegen der fürchterlichen Handschrift meines Vaters nur leider kaum zu entziffern! Die Professorenschaft beriet sich. Schließlich fand man eine Lösung, die wohl einmalig in der Geschichte der Universität bleiben würde. Mein Vater durfte sich vor das Mikrofon eines Tonbands setzen und die ganze Ar-

beit ablesen, anschließend wurde die Aufzeichnung von einer Sekretärin abgetippt.

Einige Monate nachdem er meine Mutter kennen gelernt hatte, trat mein Vater seinen ersten Job bei der Spedition Strasser an. Erik Strasser hatte 1954 eine zündende Geschäftsidee gehabt. Er bot Automobilwerken an, die fertigen Autos oder Motorräder mittels Transporter vom Werk zu den Händlern zu bringen. Eine Dienstleistung, die es bis dahin nicht gegeben hatte. Schon bald darauf erweiterte die Spedition ihr Angebot um Logistikservices, etwa das Zwischenlagern der Fahrzeuge und die effiziente Zusammenstellung von Sammeltransporten. Strassers Ideen kamen gut an. Mit viel Weitblick, Optimismus und Risikobereitschaft expandierte das Unternehmen rasch. Meinem Vater war eine Position als Finanzchef des Unternehmens in Aussicht gestellt worden. Um sein Wissen zu vertiefen, schickte man ihn aber vorher für fünf Monate zu einer befreundeten Steuerkanzlei. Spätestens zu diesem Zeitpunkt wurde meinem Vater klar, dass auch er am liebsten selbständig sein wollte. So erfolgreich und unabhängig zu werden wie sein Chef Strasser, das war sein wahres Karriereziel. Und so gründete er parallel zu seiner Arbeit in der Steuerkanzlei gemeinsam mit zwei Freunden sein erstes Unternehmen. Schon während des Studiums hatte er den jungen Peter Dussmann kennengelernt, der seit 1963 in München den Dussmann Heimpflegedienst betrieb. Dussmann war als Unternehmer bereits recht erfolgreich. Er konnte sich sogar ein Fernsehgerät leisten. Und so lud er seine Freunde regelmäßig zu gemeinsamen Fernsehabenden ein.

HARTE GRÜNDERJAHRE

Mit seinen beiden Vorbildern vor Augen, den erfolgreichen Unternehmern Strasser und Dussmann, machten sich mein Vater und seine Freunde im Dienstleistungsbereich selbständig. Sie gründeten die Firma Neue Raumpflege. Meine Mutter erinnert sich noch heute daran, dass sie ihre ersten Objekte – Wohnungen im olympischen Dorf – selbst geputzt haben, um anschließend den Erlös im Biergarten auf den Kopf zu hauen. Wer viel arbeitet, darf sich auch etwas gönnen, nach diesem Motto hat mein Vater schon immer gelebt.

Nachdem einer der drei Gründer bei einem Autounfall ums Leben kam und mein Vater sich mit dem anderen Partner nicht immer einig war, beschloss er, eine neue Firma zu gründen.

Bayern allerdings war für ihn als Standort einer Neugründung tabu, weil mit den ehemaligen Geschäftspartnern ein Gebietsschutz vereinbart worden war. Mein Vater überlegte, wo es das größte Marktpotenzial geben könnte, und entschied sich für Nordrhein-Westfalen. »Im Ruhrgebiet ist der meiste Dreck«, so sein strategisches Kalkül. Anfang November 1967 gründete er in Düsseldorf seine Firma Putz-Blitz. Den Namen hatte er sich mit meiner Mutter bei einem Ausflug an den Starnberger See ausgedacht.

Sein Freund Dietrich Förster, der angewandte Kunst studiert hatte, entwickelte das passende Logo: der Namenszug in großen Kursiv-Lettern, gerahmt mit einem Viereck in Invertiertechnik. Die obere Zeile war weiß auf rotem Grund und die untere rot auf weißem Grund. Geld hatte mein Vater für diesen Auftrag noch nicht übrig, deshalb vereinbarte man, dass er künftig alle Personalanzeigen über Dietrichs Agentur schalten würde.

Diese Vereinbarung behielten die beiden über all die Geschäftsjahre des Unternehmens bei.

Kurz zuvor hatte Vater meine Mutter in München geheiratet, und bereits im März 1968 kam ich auf die Welt. Wenn schon Veränderungen im Leben, dann richtig!

Wenn schon Veränderungen
im Leben, dann richtig!

Mein Vater hatte als Abfindung von seiner ehemaligen Firma 10 000 Mark bekommen. Dieses »Stammkapital« investierte er, um das erste Büro einzurichten, Werbung zu machen und Mitarbeiter zu bezahlen. Die ersten Jahre waren hart. Oft wusste er um fünf Uhr am Vortag noch nicht, wie er seine Mitarbeiter am nächsten Tag bezahlen sollte. Seine Freunde halfen ihm während dieser Zeit immer wieder über die Runden. Als ihm einmal das Geld für den Lohn seines Geschäftsführers fehlte, ließ ihm ein Münchner Freund 1000 Mark zukommen. Ehrensache, dass mein Vater den Betrag unmittelbar nach dem Eingang der ersten Kundenzahlungen per Sofortanweisung zurückzahlte. So halfen sich die Jungunternehmer in diesen Zeiten kameradschaftlich aus. Man vertraute dem anderen und verzichtete auf schriftliche Fixierung. Auch die Lieferanten waren sehr geduldig mit ihren Forderungen und blieben jahrzehntelang Partner unseres Hauses.

AUF WACHSTUMSKURS

Mein Vater hatte gute Gründe für seinen Einstieg in die Reinigungsbranche. Er brauchte für die Gründung nur wenig Kapital und konnte seinen Job ohne besonders große fachspezifische Vorkenntnisse managen. Außerdem wuchs die Reinigungsbranche im Aufwind des Wirtschaftswunders schnell und zuverlässig.

Bis dato waren Reinigungsbetriebe eher kleinteilig und handwerklich aufgestellt. Mit seinen betriebswirtschaftlichen Kenntnissen optimierte mein Vater die Prozesse und die Logistik und steuerte damit gezielt auf Wachstumskurs. Sein Faible für Kostenrechnung hat unserem Unternehmen über Jahre eine für die Branche überdurchschnittliche Rendite beschert. Auch sein untrügliches Gespür für Entwicklungschancen sollte sich auszahlen. Ihm war klar, dass er besser vorankommen würde, wenn sich seine Reinigungsfirma durch spezielle Dienstleistungen von den Wettbewerbern abheben würde. Neben der klassischen Büroreinigung witterte er großes Marktpotenzial im Krankenhausmarkt. Deshalb gründete er 1984 Clinica-Service – ein Unternehmen, das die bestehenden Reinigungsdienstleistungen auch für den Krankenhausmarkt anbot. Einige Jahre später erweiterte er das Dienstleistungsspektrum der Firma um Catering-Dienstleistungen für Krankenhäuser. Wir betrieben die Krankenhausküche und übernahmen das Personal. Im Gegenzug zu einem langfristigen Vertrag wurde die Küche auf unsere Kosten saniert und optimiert, blieb aber weiter Eigentum des Hauses. Das war ein ganz neuer Ansatz im Markt. Später kamen Angebote für gesunde Ernährung in Krankenhäusern und gegen Mangelernährung in Seniorenheimen hinzu. Auch dar-

über hatte sich vorher niemand Gedanken gemacht. Der Bereich Gebäudetechnik verzeichnete ebenso stetiges Wachstum. Und so entwickelte sich das Unternehmen meines Vaters von einer kleinen Reinigungsfirma zu den Top 20 unter den deutschen Anbietern für Facility-Management.

An die bescheidenen Anfänge als »Reinigungs-Bude« wollte mein Vater nicht gerne erinnert werden. Er schämte sich regelrecht dafür und reagierte schroff, wenn ich auf unsere Ursprünge zu sprechen kam. Allerdings habe ich mir auch oft mit vorwurfsvollem Unterton anhören müssen, dass ihm in jungen Jahren nichts geschenkt worden sei. Inzwischen ist mir klar geworden, wie tief mein Vater von diesem »Aufstieg aus dem Nichts« geprägt wurde.

6. »NIE WIEDER ARM.« DIE GRÜNDERGENERATION DER NACHKRIEGSZEIT

Nach dem Ende des Zweiten Weltkriegs erlebte Deutschland durch die Gründung von Hunderttausenden Klein- und Mittelunternehmen einen rasanten wirtschaftlichen Aufschwung. Mein Vater war einer dieser typischen Selfmade-Unternehmer jener Zeit: mutig und weitblickend, voller Ideen und Experimentierfreude, mit einer untrüglichen Spürnase für die Marktentwicklung und nahezu bedingungsloser Hingabe an sein Unternehmen.

Eine treffende Beschreibung dieser Gründergeneration fand ich wieder bei Fritz B. Simon: »Die Gründer der Nachkriegszeit zeichnen sich unter anderem dadurch aus, dass ihnen ihre Unabhängigkeit und Autonomie ein hoher Wert war.«

»Die eigenen Gestaltungsmöglichkeiten, die Übernahme von sozialer Verantwortung, niemanden fragen zu müssen, selbst das Sagen zu haben, waren und sind für sie wichtige Bestandteile der Identität.«[8] Diese mutigen Machertypen, so Simon, treibt nicht nur ihre Schaffensfreude an, sondern nicht selten auch eine höchstpersönliche Problemlage: »Der enorme Energieeinsatz, den diese Pioniere ihr gesamtes Berufsleben rund um die Uhr an den Tag legen, haben sie dem tiefen Bedürfnis verdanken, in der eigenen Existenzsicherung von niemandem in der Welt wirklich abhängig zu sein.«

Das trifft eins zu eins auf meinen Vater zu. Er hatte seine Firma aus dem Nichts gegründet, hatte sich für die Selbständigkeit entschieden, um niemandem Rechenschaft ablegen zu müssen, und hatte harte Entbehrungen auf sich genommen, um sein Unternehmen erfolgreich zu machen. Und selbst als

unser Unternehmen schon einige tausend Mitarbeiter hatte und der Umsatz bei vielen Kunden in unterschiedlichen Märkten generiert wurde, trieben meinen Vater immer noch tief sitzende Ängste um. Er wollte, so erzählt sein Freund Dietrich Förster, nie wieder arm sein.

> *»Die Gründer der Nachkriegszeit zeichnen sich dadurch aus,*
> *dass ihnen ihre Unabhängigkeit ein hoher Wert war.«*

Das unternehmerische Aufbauwerk als Strategie zur Bewältigung der eigenen Existenzängste – auf diese Idee wäre ich zu Lebzeiten meines Vaters nicht gekommen. Doch je mehr ich mich mit seiner Persönlichkeit auseinandersetze, desto plausibler erscheint diese Erklärung seines Schaffensdrangs. Damit verstehe ich nun auch, in welcher inneren Zwickmühle er sich befunden haben muss, wenn es um meine Rolle als seine Nachfolgerin ging. Einerseits wollte er, dass seine Kinder existenziell abgesichert und sorgenfrei aufwachsen und dass sein Lebenswerk fortgeführt würde. Andererseits stand immer der latente Vorwurf im Raum, dass ich als Nachfolgerin kaum wüsste, was harte und entbehrungsreiche Arbeit für ein Unternehmen bedeutet.

Mit diesem Zwiespalt erklärt Simon auch, warum es vielen Gründern der Nachkriegszeit so schwerfällt, ihr eigenes Unternehmen loslassen zu können: »Die berechtigte Annahme, dass die Nachfolger diese Existenz- und Gründerproblematik gar nicht verstehen können, ja diesen inneren Antrieb gar nicht aufbringen, wird dann manchmal zum unterschwelligen Argument, dass die Kinder für eine erfolgreiche Weiterführung des Unternehmens nicht wirklich gerüstet sind.«[9]

Mein Vater war ein Kämpfer, ein Anführer, der Gefolgschaft forderte – von seinen Mitarbeitern ebenso wie von seiner Familie.

Mein Vater war ein Kämpfer, ein Anführer,
der Gefolgschaft forderte.

Wie hätte ich diese für ihn fest gefügte Rolle jemals verlassen können, um in seine Fußstapfen zu treten und ihn damit mehr oder weniger zu entmachten? Wäre das für einen Sohn vielleicht einfacher gewesen als für eine Tochter? Wohl kaum, denn mein Vater hätte von ihm erwartet, sich gegen ihn durchzusetzen und jenen freiheitsliebenden Kampfgeist zu beweisen, den er von seinem potenziellen Nachfolger erwartete. Doch wenn der Sohn dem Autonomieideal des Vaters gefolgt wäre, hätte das unweigerlich zu heftigen Konflikten geführt. Als Tochter hatte ich es da leichter, denn mein Vater maß Frauen – wie viele andere Gründer der Nachkriegszeit – an anderen Idealbildern. Uns Töchtern sollten Kämpfe und Entbehrungen erspart bleiben. Wir sollten es besser haben als er, sollten das Leben genießen und uns keine allzu großen Sorgen um die Zukunft machen. Wir sollten vom Wohlstand, den er geschaffen hatte, profitieren, sollten uns umsorgt fühlen und schöne Erlebnisse mit ihm teilen. Mein Vater servierte uns die Welt auf dem Silbertablett.

7. »DER SACHSE LIEBT DAS REISEN SEHR ...«

Wenn das Geschäft die oberste Leidenschaft meines Vaters war, so kam an zweiter Stelle das Reisen mit der Familie. Meistens fuhren wir mehrmals im Jahr in den Urlaub. Zu Ostern ging es zum Skifahren, und im Sommer bereisten wir Europa. Dabei folgte das Programm immer dem gleichen Schema: Ein Teil des Urlaubs war der Kultur gewidmet, der andere diente der Entspannung. Auf eine Woche Sightseeing in Athen mit Akropolis und Co. folgte eine Woche Cluburlaub an einem der Traumstrände des Peloponnes. Wir Kinder wurden bespaßt, und auch die Eltern hatten Zeit für sich. In diesen Urlauben kümmerte sich mein Vater intensiv um uns. Er begleitete meine Schwester und mich in den ersten Tagen zum Kids-Club und feuerte uns bei den sportlichen Wettkämpfen an.

Als meine Mutter nach der Geburt meiner Schwester 1971 noch in der Klinik lag, kaufte mein Vater spontan ein Pferd. Ein Bekannter hatte ihn auf die Idee gebracht. Weder war das Pferd zugeritten, noch hatten mein Vater und meine Mutter vorher jemals auf einem Pferderücken gesessen. Trotzdem betrachtete er den Kauf als eine lohnenswerte Anschaffung. Als sich herausstellte, dass selbst der Reitlehrer das Tier nicht bändigen konnte, wurde die »lohnende Anschaffung« wieder verkauft.

In den nächsten Jahren lernten meine Eltern dann auf Schulpferden reiten. Während meine Mutter sich eher auf die Dressur konzentrierte, ritt mein Vater lieber in aller Freiheit durch den Wald. Bei diesen Ausflügen passierte es immer wieder, dass Pferd und Reiter getrennt voneinander zurückkamen. Leider war nicht jedes unserer Pferde so zahm und ausgeglichen wie unser zweites Pferd Jacky, das mein Vater einem Reitkolle-

gen abkaufte, als dieser sich sein Hobby nicht mehr leisten konnte.

In ewiger Erinnerung für mich bleiben die Urlaube in Ungarn. Meine Eltern und eine Gruppe befreundeter Reiter ritten tagsüber durch die Puszta, meine Schwester und ich fuhren in Begleitung eines Au-pair-Mädchens im Gepäckbus hinterher. Abends hockten alle zusammen mit den einheimischen Hirtenreitern am Lagerfeuer. Über den Flammen brodelte der Kessel mit dem Abendessen, das wir dann alle zusammen auf der Wiese verspeisten. Ein echtes Gefühl von Freiheit und Abenteuer!

Ein echtes Gefühl von Freiheit und Abenteuer!

Hortobágy ist einer der Orte, an die ich mich besonders gut erinnere. Und auch an die ungarischen Lieder, die abends am Feuer gesungen wurden. Für die Reiselust meines Vaters gibt es ein passendes Lied. Zu DDR-Zeiten galt der Gassenhauer aus der Feder des Leipziger Kabarettisten Jürgen Hart als geheime Hymne der Sachsen: »Der Sachse liebt das Reisen sehr, nu nee, dem lich das in'n Gnochen; drum fährt er gerne hin und her in sein'n drei Urlaubswochen. Bis nunder nach Bulgarchen dud er die Welt beschnarchen.«

Die vielen herrlichen Familienurlaube waren für meinen Vater auch ein Ausgleich für die zahllosen Abende, an denen er uns nicht sehen konnte, weil ihn der Aufbau des Unternehmens in Beschlag nahm. Ein echtes Highlight war der Urlaub 1986 mit einer befreundeten Familie, als wir gemeinsam zum Karneval nach Venedig fuhren. Wie immer war mein Vater der Or-

ganisator der Reise – ein schnöder Touristenurlaub kam für ihn natürlich nicht in Frage. Gemeinsam mit seinem Freund Wolli machte er einen wirklich außergewöhnlichen Kostümverleih ausfindig. Dort hingen an langen Kleiderstangen ausgemusterte, aber gut erhaltene Kostüme aus Fellini-Filmen. Die Herren mussten eine sehr hohe Kaution hinterlassen, damit die Show für uns beginnen konnte: zwei Familien aus Deutschland, die herumliefen, als wären sie gerade einem Schloss des Sonnenkönigs Ludwig XIV. entfleucht. Die Touristen, besonders die Japaner, zückten überall ihre Kameras, um uns zu fotografieren: Meine Mutter trug eine Robe aus schwarzem Brokat, mit ausladenden Reifröcken und eng geschnürter Taille. Wolli kam als Zarewitsch daher – mit dunkelbraunem, von oben bis unten mit Glitzersteinen besetztem Mantel und einem riesengroßen Hut mit Hermelinbesatz auf dem Kopf. Mein Vater, Wollis Frau und ich sahen mit unseren hellen Kniestrümpfen, Pluderhosen, Schnallenschuhen und dem Dreispitz wie Pagen aus. Wir gingen auch nicht einfach durch die engen Gassen Venedigs, nein, wir schritten – so wie es sich für Gefolgsleute des Sonnenkönigs gehört.

Für das Mittagessen hatte mein Vater ein besonders Lokal ausgesucht. Den Venezianern war diese Trattoria wohlbekannt, doch Touristen verirrten sich kaum dorthin. Solche Raritäten zu entdecken gehörte zu den Spezialtalenten meines Vaters. Der Gastraum war gut besetzt mit Einheimischen beim Mittagsmahl, bis auf einen Tisch. Dort saß eine Gruppe, die sich optisch und akustisch deutlich von den Italienern unterschied: Franz Josef Strauß mit Freunden. Mein Vater war damals ein glühender Anhänger des bayerischen Ministerpräsidenten und ehemaligen Verteidigungsministers der Bundesrepublik. Und

so ging er in seinem Pagenkostüm zum Tisch, verbeugte sich formvollendet und sagte: »Meine Verehrung, Herr Ministerpräsident.«

Franz Josef Strauß beobachtete uns eine Weile. Dann ließ er uns, verbunden mit Grüßen an »die Frau Gemahlin«, eine Flasche Rotwein bringen. Unvergesslich!

8. VATER-TOCHTER UND MÖCHTEGERN-SOHN.
   MEINE KINDER- UND JUGENDJAHRE

Ich wurde im März 1968 in München geboren. Mein Vater war an diesem Tag nicht in der Stadt. Er musste sich um ein anderes Baby kümmern, seine knapp sechs Monate alte Gebäudereinigungsfirma Putz-Blitz in Düsseldorf. Als er per Telefon von dem »freudigen Ereignis« erfuhr, ließ er allerdings alles liegen und stehen, setzte sich in seinen BMW und raste in fünf Stunden nach München. Meine Eltern hatten für mich den Vornamen Kirsten ausgesucht. Und mit dieser Namenswahl wurde mein Vater einen Tag nach meiner Geburt beim Standesamt in München-Solln vorstellig. Dort teilte man ihm mit, dass dieser Name in Skandinavien ein Jungenname sei und deshalb noch ein Zweitname eingetragen werden müsse. Mein Vater überlegte nicht lange. Er erinnerte sich, dass er, wenn er ein Mädchen geworden wäre, Antje hätte heißen sollen. Und so trage ich nun den Zweitnamen Antje. Ein weiterer Teil von mir, den ich meinem Vater zu verdanken habe. Gerne hätte mein Vater einen Sohn gehabt, doch den bekam er erst, als sein Enkel geboren wurde – das Kind meiner Schwester.

Gerne hätte mein Vater einen Sohn gehabt.

Kurz nach der Geburt folgten meine Mutter und ich meinem Vater ins Rheinland, zunächst in eine Wohnung in Meerbusch-Büderich, dann in eine Reihenhaussiedlung in Kaarst. Mit dem Bau des Viertels war gerade erst begonnen worden, und wir zogen in den frisch geteerten Krokusweg. Damals standen dort nur drei Häuser, unseres trug die Hausnummer 3.

Ich verbrachte die ersten neun Jahre meines Lebens in Kaarst. Den Vater sah ich selten, doch weil viele Kinder in dieser Neubausiedlung wohnten, war immer für Abwechslung gesorgt. Wir streunten zwischen all den Gärten und den noch unbebauten Flächen herum und rauchten auf der benachbarten Pferdekoppel heimlich die erste Zigarette. Eine herrliche Zeit!

Weniger nett sind meine Erinnerungen an die Kindergartentage. Ich gehörte zu den geburtenstarken Jahrgängen und bekam als Einzige in der Siedlung keinen Kindergartenplatz in Kaarst. Also brachte mich mein Vater jeden Tag auf dem Weg ins Büro in einen Kindergarten in Düsseldorf-Oberkassel. Im Gegensatz zu vielen anderen Spielkameraden wurde ich oft nicht zu Mittag abgeholt, sondern musste mit den anderen übrig gebliebenen Kindergartenkindern essen und Mittagsschlaf halten. Das war furchtbar für mich. Schon damals war ich bei der Essensauswahl sehr wählerisch. Und das Kindergartenessen entsprach meinen kulinarischen Ansprüchen so gut wie nie.

Trotzdem habe ich mich diesem »Schicksal« ohne Widerstand gefügt. Die Arbeit und die Firma gingen immer vor, das habe ich schon früh verinnerlicht. Deshalb empfand ich gegenüber der Firma auch nie Rivalität. Schon eher gegenüber meiner kleinen Schwester, die auf die Welt kam, als ich drei Jahre alt war. So erzählten es jedenfalls meine Eltern. Das neue Baby beanspruchte einen Teil ihrer Aufmerksamkeit, die ich vorher ganz für mich alleine besessen hatte. Das trug ich ihr lange nach, und wir zankten uns bis ins Teenageralter. Griff allerdings jemand von außen an, hielten wir wie Pech und Schwefel zusammen.

Niemals hätte ich damit gerechnet, dass Vaters Tod und die anschließenden Ereignisse unsere geschwisterliche Solidarität auf eine sehr harte Probe stellen würden.

> *Es ist keineswegs gewiss, dass Familienmitglieder in schweren Zeiten zusammenstehen.*

Die Geschichte hält zahllose Beispiele dafür parat, wie einstmals gute familiäre Beziehungen durch die Last des Erbes beschädigt wurden oder gar zerbrochen sind.

AUSSICHTEN UND ABSICHTEN

Als ich vier Jahre alt war, durften die Eltern meines Vaters endlich in den Westen übersiedeln. Meine Großmutter war 65 Jahre alt geworden und damit ausreiseberechtigt, der Großvater sogar schon 76. Die DDR gewährte Eheleuten erst dann die Übersiedlung, wenn beide die Altersgrenze erreicht hatten.

Mein Vater kaufte seinen Eltern eine Eigentumswohnung in Krefeld, die Stadt, in die unsere Familie 1977 dann auch zog. Endlich waren alle wieder vereint. Ein Herzenswunsch meines Vaters war in Erfüllung gegangen. Unser neues Haus im Krefelder Musikerviertel war großzügig und modern, mein Vater hatte es mit Hilfe eines Architekten selbst entworfen. Er wollte bewusst nicht in der gleichen Stadt leben, in der er arbeitete. Er brauchte diesen Abstand zum Geschäft, um besser entspannen zu können. Für meinen Vater war der Bezug des neuen Hauses inmitten von schmucken Villen aus der Nachkriegszeit ein wichtiger Meilenstein auf seinem Weg nach oben – ein sichtbares Zeichen, jetzt etwas aus eigener Kraft geschafft zu haben.

Meine Schwester besuchte die Waldorfschule, ich ging in die nächstgelegene Grundschule. Auf der Waldorfschule hatte man mich nach einem persönlichen Gespräch abgelehnt. Ich war schon zu sehr geprägt von drei Jahren staatlichem Schulunterricht. Mit Blockstiften und Eurythmie konnte ich nichts anfangen, dafür umso mehr mit handfesten Dingen wie Lesen, Schreiben und Rechnen. Diese frühe Prägung auf das Sachliche hat mich über viele Jahre begleitet, und erst seit einiger Zeit habe ich die lange verschüttete Freude an kreativer Arbeit wieder freilegen können.

Die frühe Prägung auf das Sachliche hat mich
über viele Jahre begleitet.

Mein Vater kam oft erst spätabends nach Hause. Er versuchte aber immer, uns Kindern noch gute Nacht zu sagen, damit wir den Bezug zu ihm nicht verloren. Manchmal nahm mein Vater uns mit ins Büro. Er erklärte uns allerdings nicht, was er dort genau machte. Stattdessen wurden wir im Sekretariat »geparkt«, und ich durfte mich um die Ablage kümmern. Diese Arbeit hat für mich bis heute etwas Klärendes und macht mir, anders als dem Rest der Familie, richtig Spaß. Dass mein Vater uns nicht intensiver in die Firma integrierte, ist bestimmt seinem Rollenbild der Frau geschuldet. Frauen standen in seinen Augen unter einer Art »Naturschutz«: Sie waren schwach und empfindlich, sie heulten bei jeder Belastung und brauchten Fürsorge. Solche weichen und schutzbedürftigen Wesen gehörten für ihn einfach nicht ins Management.

IMMER DIE »TOUGHE«

Mir gegenüber war seine Haltung allerdings sehr ambivalent. Eigentlich hat er mich eher wie einen Jungen erzogen – als Stellvertreter für seinen vergeblich erhofften Stammhalter. Und ich habe mir diesen Schuh schon früh und sehr gerne selbst angezogen.

Die Firma nahm in unserem täglichen Familienleben sehr viel Raum ein. Also interessierte ich mich für die Geschäfte meines Vaters, damit ich näher an seiner Welt, an seinem anderen »Baby« dran sein konnte. Vielleicht ist das der Grund, warum sich bei mir schon als Kind eher das »männliche Prinzip« ausformte. Mein Denken war eher strukturiert, mein Handeln pragmatisch, ich war die »Toughe«. Gefühle waren nicht erwünscht und wichen der Disziplin. Mein Vater hat dazu beigetragen, dass mir die Welt der Vernunft näher lag als die Welt der Emotionen. Man könnte sagen, dass er mir die Gefühlswelt quasi aberzogen hat. »Bleib doch mal sachlich!«, bekam ich oft zu hören oder: »Was ist deine Botschaft?«

Ich war wohl eine klassische »Vatertochter« – so nennen Psychologen diesen Typ von Mädchen, die sehr stark im Bannkreis des Vaters stehen. Der Vater vermittelt ihnen Sicherheit und weckt gleichzeitig ihr Interesse am außerhäuslichen, beruflichen Bereich. Vatertöchter streben nach Leistung und Kompetenz, so die Frankfurter Sozioökonomin Bettina Daser in einer Studie über die Rolle der Töchter in Familienunternehmen:[10]

> *»Vatertöchter idealisieren den Vater und identifizieren sich mit ihm und seinem Unternehmen.«*

Die Vatertochter, so Daser weiter, verbringt schon als kleines Mädchen viel Zeit im Büro des Vaters, lässt sich Bilanzen erklären, schaut zu ihm auf und etabliert eine enge Bindung. Dadurch hätten diese Töchter auch relativ gute Chancen, später in das väterliche Unternehmen einzutreten. Allerdings benennt Daser auch die Risiken dieser Vater-Tochter-Symbiose. Vatertöchter bekommen die Macht im Unternehmen oft nur auf Zeit geliehen. Außerdem tun sie sich schwer damit, sich vom Vater abzunabeln und eigene Wege zu gehen.

Genauso war es auch bei mir. Einerseits hat mich der große erzieherische Einfluss meines Vaters stark und selbstsicher gemacht. Andererseits sehe ich im Rückblick auch die negativen Seiten. Ich wurde sehr früh erwachsen und verlor die Unbeschwertheit der Jugend. Das hat mir auch einen Teil meiner Lebensfreude genommen, den ich nun langsam wiederfinde. Ich habe mich auch nie gefragt, welche ureigenen Interessen und Ziele mich eigentlich antreiben. Vielmehr betrachtete ich meinen Weg als vorgezeichnet, sah mich in der Pflicht, die ökonomische Erfolgsgeschichte meines Vaters fortzuschreiben. Diese Rolle empfand ich aber nicht als drückend, sondern im Gegenteil als anziehend und spannend.

Im Unternehmen ließ mich mein Vater gerne an seiner Macht teilhaben. Doch endgültig übertragen wollte er sie mir nicht. Für meinen Vater war ich letztendlich doch die Tochter, für die es das Beste wäre, wenn ihr Lebensweg irgendwann in Richtung Ehe und Familie führte.

Es dauerte sehr lange, bis er begriff, dass ich meine Arbeit in unserem Unternehmen nicht als Zwischenlösung bis zur Heirat ansah, sondern dauerhaft mitwirken wollte. Das hat mich sehr gekränkt. Lange Zeit habe ich nichts anderes gemacht, als nach

seiner Anerkennung zu streben und sie mir herbeizusehnen. Erst ein Coach konnte meinen Blick in eine andere Richtung wenden.

9. »LEIDER NUR TOCHTER« – FRAUEN IN FAMILIEN-UNTERNEHMEN UND DER FALL BREUNINGER

Mein Vater hat seine Enttäuschung darüber, keinen Sohn zu haben, nie offen geäußert. Aber vermutlich hat er sie gegenüber uns Töchtern einfach nur gut verborgen. Auf der Suche nach ähnlichen Fällen bin ich auf eine aufschlussreiche Studie gestoßen. »Warum sollten Töchter nicht die erste Wahl sein?« heißt eine andere Untersuchung von Bettina Daser. Darin beschäftigt sie sich mit der Frage, warum in vielen Familienunternehmen die Tochter als Nachfolgerin schlechte Karten hat. Die Zahlen sprechen für sich: Obwohl Frauen heute oft besser qualifiziert sind als Männer, wird in Deutschland nur jedes zehnte Familienunternehmen von einer Tochter übernommen.

Achtzig Prozent der internen oder externen Nachfolger sind männlich. Und oft rücken die Töchter als »Notlösung« in die Unternehmensleitung auf. Nur dann nämlich, wenn kein männlicher Nachfolger zur Verfügung steht, die Firma aber in den Händen der Familie bleiben soll. Dass das keine sonderlich starke Ausgangsbasis für eine gelingende Nachfolge ist, versteht sich von selbst. Das Gefühl, nicht die erste Wahl des Vaters zu sein, nagt am Selbstwertgefühl und trägt nicht gerade zum »Standing« im Unternehmen bei.

In Deutschland wird nur jedes zehnte Familienunternehmen
von einer Tochter übernommen.

Ich weiß aus eigener Erfahrung, wie schmerzhaft dieses Gefühl ist und wie groß die damit verbundenen Verletzungen sind. Tief getroffen hat mich deshalb auch folgendes Ergebnis der Studie:

»Die meisten Töchter, die nicht Nachfolgerinnen wurden, hatten versucht, sich für die Position anzudienen: Sie arbeiteten im Unternehmen mit. Sie hofften, dass sie als fähig erkannt und schließlich gefragt würden.«[11]

Das beschreibt exakt meine Situation als potenzielle Nachfolgerin meines Vaters. Ich habe mich jahrelang abgestrampelt, um in seine Fußstapfen zu passen, aber er wollte mich einfach nicht hineinlassen. Heute habe ich begriffen, dass wir damit beide auf dem Holzweg waren.

»ICH WOLLTE MICH NICHT ABSPEISEN LASSEN«

Nach dem Tod meines Vaters habe ich mir viele Geschichten von Unternehmensnachfolgen, die mit Testamentsvollstreckung verbunden sind, genauer angesehen. Besonders gefesselt hat mich der Fall Breuninger, weil ich darin einige Parallelen zu meinen eigenen Denk- und Handlungsmustern erkenne.

Heinz Breuninger führte das berühmte Stuttgarter Traditionskaufhaus bereits in der dritten Generation. Er hatte das Unternehmen 1947 nach dem Tod seines Vaters übernommen und das Geschäft aus Schutt und Asche wieder neu aufgebaut. Im gleichen Jahr kam die Tochter Helga zur Welt. Als sie 15 Jahre alt war, verunglückte ihr Bruder. In einem Interview beschreibt Helga Breuninger, was damals in ihr vorging: »Für mich war klar: Du musst davon ausgehen, dass du die Firma übernimmst. Ohne dass ich es ausgesprochen und mit meinem Vater ›verhandelt‹ habe. Als Kind einer Unternehmerfamilie geht man ungefragt in eine generative Verantwortung. Man fühlt sich dem Unternehmen verbunden und möchte seinen Beitrag zur Weiterführung leisten.«[12]

Da klingelt es mir in den Ohren ...

Helga Breuninger bereitete sich gezielt auf ihre neue Rolle als Nachfolgerin in der vierten Generation des Familienunternehmens vor. Sie studierte Volks- und Betriebswirtschaft und schrieb ihre Diplomarbeit im Kaufhaus. Doch trotz alledem entschied der Vater, dass das Unternehmen ohne seine Tochter an der Spitze fortbestehen sollte. Er brachte die Firmenanteile 1968 in eine Doppelstiftung ein, die Heinz-Breuninger Stiftung und die gemeinnützige Breuninger-Stiftung. Als Kaufhausleiter engagierte er einen externen und fachfremden Geschäftsführer. Offiziell wurde dieser Schritt damit begründet, dass bereits sehr viele Neffen und Nichten in den Startlöchern für die Nachfolge standen und der Patriarch drohende Familienfehden unbedingt vermeiden wollte. Helga Breuninger sieht die Sache anders: »Mein Vater konnte sich eine Frau in dieser Rolle einfach nicht vorstellen.«[13] Andere Quellen sprechen vom tiefen Misstrauen, das Heinz Breuninger gegenüber seiner Familie hegte. In einer Firmenbroschüre aus den 1980er Jahren heißt es dazu etwas verklausuliert: »Es entsprach seinem Verantwortungsbewusstsein, dass er die Kontinuität seines Unternehmens (...) über die der Familientradition stellte. Er wollte ein Konstrukt, bei dem sich niemand etwas unter den Nagel reißen kann.«

Generativität: das Bedürfnis, sich um das Wohlergehen künftiger Generationen zu kümmern.

Das war wohl auch der Grund, warum er in seinem Testament verfügte, dass nach seinem Tod der Testamentsvollstrecker, sein Rechtsanwalt und zwei weitere nicht verwandte Vertraute

des Erblassers der Doppelstiftung vorstehen sollten. Seine drei Töchter und ihre Mutter bat er, zugunsten der Stiftung auf ihren Pflichtteil zu verzichten. Helga Breuninger allerdings wollte sich so einfach nicht abspeisen lassen und forderte im Gegenzug zu ihrem Verzicht den Vorsitz der gemeinnützigen Breuninger-Stiftung. Das sei, so Breuninger, ihre erste wirklich unabhängige unternehmerische Leistung gewesen: »Wenn ich hingegangen wäre und hätte gesagt: Ja, Papa, ich unterschreibe, dann wäre ich Tochter geblieben. Wenn ich anfange, aus dem, was er von mir will, einen Deal zu machen, und überlege, wie daraus eine Win-win-Situation wird, dann ist das unternehmerisches Handeln.«[14]

»WAS WÜRDE HEINZ DAZU SAGEN?«

Helga Breuningers Lebensplanung war zwar über den Haufen geworfen worden, doch sie hatte einen neuen Weg gefunden – ihren eigenen. Die Unternehmertochter trat 1973 ihren Pflichtteil ab und übernahm die Leitung der gemeinnützigen Breuninger-Stiftung, die sich für Bildung und bürgerschaftliches Engagement einsetzt. Daneben studierte sie im Zweitstudium Psychologie in Essen und promovierte 1980. Im gleichen Jahr starb Heinz Breuninger mit 60 Jahren an Krebs. Das Vermächtnis des Patriarchen trat in Kraft – und über zwei Jahrzehnte ging alles gut. Unter der Leitung des noch zu Lebzeiten Breuningers berufenen Geschäftsführers entwickelte sich das Unternehmen zu einer in ganz Deutschland angesehenen Marke. Doch mit dem zunehmenden Erfolg des Unternehmens knirschte es immer vernehmlicher im Gebälk des testamentarisch verfügten Führungskonstrukts.

Laut Testament sollte der Stiftungsvorstand das »Unternehmen vor den Interessen von Gesellschaftern schützen und die Erträge gemeinnützig anlegen«. Doch der Stiftungsvorstand entfernte sich immer weiter vom Vermächtnis des Patriarchen.

Zunächst wurden missliebige Mitgesellschafter aus der Unternehmerfamilie mit vereinten Kräften dazu gedrängt, das Unternehmen zu verlassen. Dann löste der Vorstand die Doppelstiftung einstimmig auf. Der Testamentsvollstrecker und der Geschäftsführer witterten ihre Chance und kauften Helga Breuninger die Geschäftsanteile der Breuninger-Stiftung ab – vermutlich weit unter Wert. Nun waren die beiden Stiftungsvorstände Mehrheitseigentümer der Kaufhauskette. Branchenkenner beobachteten das mit Verwunderung, denn das Vermächtnis von Heinz Breuninger beauftragte sie eigentlich, das Unternehmen zu verwalten und zu managen, nicht aber zu erwerben. »Was würde Heinz dazu sagen?«, fragte sich so mancher Zeitgenosse von Heinz Breuninger kopfschüttelnd.[15] Entsprachen die Maßnahmen der Stiftungsvorstände überhaupt noch dem letzten Willen des Patriarchen? Dienten sie tatsächlich der Kontinuität des Unternehmens, oder steckte nicht vielmehr Gier und Eigennutz dahinter?

Der Stiftungsvorstand entfernte sich immer weiter vom Vermächtnis des Patriarchen.

Ruhe kehrte nach der dubiosen Stiftungsauflösung jedenfalls nicht ein. Die beiden neuen Mehrheitseigentümer verhedderten sich 2012 in einem Machtkampf, versöhnten sich wieder, und zu guter Letzt klagte einer der fünf ehemaligen Stiftungs-

beiräte seinen Anteil am Unternehmen gerichtlich ein. Das Verfahren dauert bis heute an.

Mit all diesem Gerangel um die Warenhausgruppe Breuninger verbindet Helga Breuninger nicht mehr viel. Sie engagiert sich in ihrer gemeinnützigen Stiftung mit zahlreichen Projekten im In- und Ausland und ist dafür sogar mit dem Bundesverdienstkreuz ausgezeichnet worden. Außerdem führt sie ein Beratungsunternehmen, das insbesondere Frauen in Familienunternehmen beim Generationswechsel unterstützt. Aus ihren eigenen Erfahrungen vor 30 Jahren weiß sie, wie schwierig es ist, dabei Lösungen zu finden, die sich vom Patriarchat verabschieden: »Als ich noch immer dachte, mein Vater fragt mich, ob ich in die Firma komme, da war ich von meiner Haltung her in der patriarchalischen Nachfolge-Mentalität: Er ist über mir, ich bin drunter, dort werde ich immer bleiben. Er ist wie die Sonne, und ich bin ein um ihn kreisender Planet. So war mein Denken. Heute weiß ich: Den Vater kann die Tochter nicht ersetzen.«[16]

Und wieder klingelt es mir in den Ohren. Zu dieser Erkenntnis bin ich inzwischen auch gekommen, doch der Weg dorthin war lang und steinig.

10. MORGENS HAMBURG, MITTAGS MÜNCHEN, ABENDS ROM – MANAGERIN, MEIN TRAUMBERUF

Ein Werbespot aus den 1980er Jahren wird mir immer in Erinnerung bleiben: Da ist diese sehr attraktive Frau in gepflegtem Businesskostüm und mit Aktenkoffer in der Hand. Sie steigt in souveräner Haltung aus dem Flugzeug und betritt die Stufen der Gangway. Ihre blonde Lockenmähne sitzt perfekt – bei jeder Wetterlage: »Hamburg, 8.30 Uhr – wieder mal Regen. Zwischenstopp München – ganz schön windig. Weiterflug nach Rom – die Sonne brennt. Ihr Haar ist geschützt. Drei-Wetter-Taft«. So wie diese Wahnsinnsfrau aus der Haarspray-Werbung wollte ich auch sein: Eine coole Managerin, top gestylt in allen Lebenslagen, immer unterwegs, überall hochgeschätzt und gefragt – Ms. Very Important!

»Schon mit dreizehn war mir klar, dass ich als Businessfrau im Unternehmen meines Vaters arbeiten möchte.«

Wild entschlossen, von jetzt auf gleich erwachsen zu werden, schenkte ich bis auf einen Teddy alle meine Spielsachen meiner Schwester – ob sie wollte oder nicht. Ich meinte jedenfalls, solchen Kinderkram jetzt nicht mehr zu brauchen, schließlich musste ich mich zielstrebig auf meine Karriere vorbereiten.

Beim Frühstück vertiefte ich mich in die Zeitung, genauso wie es mein Vater morgens tat. Ich spazierte mit stolz erhobener Nase im damals angesagten Popper-Look in die Schule: Slipper mit Bömmelchen, Karottenhose, Polohemd – und dazu die Strickkrawatte aus Vaters Kleiderschrank. Das wirkte für mich schon ziemlich erwachsen, exquisit und business like.

Nach bestandenem Abitur war glasklar, dass ich Betriebswirtschaft studiere. Aber oh Schreck! Die ZVS (Zentralstelle für die Vergabe von Studienplätzen) wollte mich zur Gesamthochschule nach Essen schicken – ausgerechnet in den tiefsten Ruhrpott. Und weil mir dieses Milieu als Startrampe für meine Karriere völlig indiskutabel erschien, ergatterte ich über eine Einschreibung in Mathematik einen Studienplatz in Münster. Diesen »Trick« kannten auch ohne Internet Hunderte andere Studenten, deshalb waren die Hörsäle anfangs so überfüllt, dass die Vorlesungen per Video in andere Säle übertragen wurden. Wir hockten auf den Stufen oder dem Boden der Bühne und schrieben eifrig mit. Schnell fand sich eine Gruppe zusammen, die sich beim Reservieren der guten Plätze abwechselte.

In den ersten Wochen ging ich noch mit Lederkoffer und Jackett in die Uni – so wie es sich für eine zukünftige Managerin gehört. Aber dann passte ich mich den anderen an, kleidete mich legerer und tauschte den Aktenkoffer gegen meine alte Schulledertasche.

Zunächst lief es etwas holprig mit den Klausuren, besonders das Rechnungswesen war so gar nicht mein Fall. Aber mit der Zeit fuchste ich mich in das System ein und beendete das Studium in Regelzeit. Zu einigen Studienkollegen habe ich heute noch Kontakt, und wir helfen uns gegenseitig bei Geschäftsfragen.

VON DER PIKE AUF

In den Semesterferien war es für mich selbstverständlich, arbeiten zu gehen. Ich absolvierte diverse Praktika bei einer Bank, einem Konsumgüterhersteller, einem Steuerberater und selbstverständlich auch im elterlichen Unternehmen. In der Bank war mein Handlungsradius sehr eingeschränkt, am Schalter durfte ich ohne Ausbildung ja nicht arbeiten. So saß ich meistens bei der Wertpapierberaterin und ließ mich über den Aktienmarkt aufklären. Heute gehört sie zu meinem Freundeskreis und ist immer noch meine persönliche Bankberaterin. Vom Filialleiter lernte ich, was Kundenbindung heißt, zum Beispiel auch Persönliches wie Angaben zur Familie und zu Hobbys zu notieren oder am verkaufsoffenen Sonntag an einem Stand auf dem Marktplatz Präsenz zu zeigen. Wenig prickelnd, aber so verkauft man sich eben in einem Vorort fernab von den großen Geschäftszentren. Auch die Arbeit beim Steuerberater war ziemlich langweilig. Da war der Job bei Henkel schon besser. Zwar kam ich nicht in meinen Wunschbereich Kosmetik, sondern in die Abteilung Haut- und Handdesinfektion. Aber dort lernte ich viel über Wettbewerbsanalysen, Tortendiagramme in »Harvard graphics« und die Zusammenarbeit von Marketing und Vertrieb.

In unserer eigenen Firma saß ich über Jahre in den Ferien in der Lohnbuchhaltung und überprüfte händisch, ob gewerbliche Mitarbeiter aus der Reinigung eine Doppelbeschäftigung hatten. Oder ich half in der Finanzbuchhaltung aus und kuvertierte Rechnungen. Wenn mein Vater Zeit hatte, gingen wir mittags zusammen essen. Wir beiden wurden von den Kellnern hofiert – und ich fühlte mich schon ganz wie eine junge Managerin.

Nach den Praktika wusste ich, dass es mich weder in eine Bank noch in eine Steuerkanzlei zog. Daher entschied ich mich für die Studienschwerpunkte Marketing und Handel.

Seit Jahren schon hatte ich einen Freund in Österreich – und so promovierte ich nach meinem erfolgreichen Diplom in Münster an der Universität Graz über die Ausgliederung von Krankenhausdienstleistungen in Österreich. Mit diesem theoretischen Wissen im Hintergrund baute ich von 1996 an dort unsere neue Firma auf – die erste Niederlassung unseres Unternehmens außerhalb Deutschlands. In fünf Jahren wuchs die Firma auf 500 Mitarbeiter, und ich konnte, ebenso wie mein Vater, unser Geschäft von der Pike auf lernen – von der Einstellung der ersten Mitarbeiter über den Aufbau der Buchhaltung bis zu Akquisition des Kundenstamms.

Nun war ich endlich jene Businessfrau, die ich immer sein wollte. Aber diese neue Rolle fiel mir sehr viel schwerer als geglaubt. Ich kam frisch von der Uni und war plötzlich mit Aufgaben konfrontiert, die für mich alleine mindestens eine Nummer zu groß waren.

Unterstützung war für mich aber nicht vorgesehen. Mein Vater kam zwar ein- oder zweimal in unser neues Unternehmen, aber er hat mir keinen erfahrenen Manager an die Seite gestellt. Ich fühlte mich wie ins eiskalte Wasser geworfen – verlassen, verloren und verzweifelt gegen den Untergang ankämpfend. Mein Vater dachte wohl: Schwimm oder geh unter. Und im letzten Moment bin ich da und rette dich. Genau so geschah es dann auch.

Die Entscheidung, ob ich nach fünf Jahren weiter in Österreich bleiben sollte, trafen wir wie bei uns schon immer üblich: Familienrat zusammentrommeln, Ideen ausarbeiten, eine Nacht

drüber schlafen. Und am nächsten Tag präsentierte mein Vater meistens eine Lösung, die alle überzeugen konnte. Daher kursierte in unserer Familie auch der einem Lied von Peter Alexander entliehene Spruch: »Der Papa wird's schon richten ...«

Dass er für den Fall seines Ablebens eben nicht alles gerichtet hatte, erkannten wir erst später.

III.

»UNTER EINEM STARKEN BAUM WACHSEN NUR PILZE.«[17] AUF EWIG VATERS ASSISTENTIN

11. DER ENDLOSE HERBST DES PATRIARCHEN

Beim Wort Patriarch geht mir ein Satz aus Sabine Stricks Buch *Die Psyche des Patriarchen* durch den Kopf:

»Kann es vor dem Tod einen friedlichen Abschied des Patriarchen geben? Nein«, schreibt Sven Murmann, und weiter: »Patriarchen treten in der Regel nicht freiwillig ab, sonst wären sie keine. Schon der bloße Gedanke an Szenarien des Abschieds stresst ihre Psyche.«[18]

Genau so war es bei meinem Vater. Bei den Themen Nachfolge oder Testament machte er sofort die Schotten dicht.

Für eine Unternehmerpersönlichkeit wie ihn, der sein Geschäft mit strategischem Weitblick zum Erfolg geführt hat, ist das schon ziemlich paradox. Ausgerechnet bei der sorgfältigen Planung des Generationswechsels leistete er sich eine strategisch offene Flanke.

Ursprünglich wollte mein Vater mit 65 Jahren aus dem Unternehmen ausscheiden. Doch als es dann so weit war, fühlte er sich noch viel zu fit und zu jung für den Ruhestand. Er erinnerte empört an seine ehemaligen Studienkollegen, die nun als Rentner brav bei ihren Frauen hockten und seiner Meinung nach geistig abbauten.

Das war für ihn absolut keine Option – auf jeden Fall nicht für die nächsten fünf Jahre. Als er dann auf die siebzig zuging, machte ich ihn vorsichtig darauf aufmerksam, dass er sich nun langsam ein passendes Hobby für die kommenden Jahre zulegen müsse. Prompt revidierte er seine Absicht, mit 70 Jahren aufzuhören, und meinte, dass er ohne Not bis fünfundsiebzig durchhalten würde. Außerdem hätte er ohnehin vor, 100 Jahre alt zu werden. Dafür lieferten ihm Altkanzler Helmut

Schmidt und einige deutsche Bundespräsidenten taugliche Vorbilder.

Auf der Suche nach Motiven für das Verhalten meines Vaters bin ich auf mehrere aufschlussreiche Untersuchungen gestoßen.

Bei den Themen Nachfolge oder Testament machte mein Vater sofort die Schotten dicht.

»Ich gehe, ohne zu gehen«, so beschreibt Arist von Schlippe dieses Verschleppen des endgültigen Ausstiegs aus der eigenen Firma. In einem Aufsatz zu den psychologischen Aspekten der Unternehmensnachfolge beschreibt der Experte für Familienunternehmen an der Universität Witten/Herdecke den inneren Kampf, den Seniorchefs mit sich ausfechten, wenn ihr Ruhestand in greifbare Nähe rückt: »Sie sind von ihrer persönlichen Entwicklung her an einem Punkt, an dem ansteht, sich mit dem Schmerz des Abschieds und der Angst vor Leere und Machtverlust auseinanderzusetzen.«[19] Doch dies wird vermieden, so von Schlippe, weil die Frage nach der Bereitschaft zum Loslassen mit äußerst existenziellen Themen konfrontiert: »… mit der Lust an Macht und Kontrolle – und dem Schmerz, genau diese abgeben zu müssen – und damit mit der Endlichkeit des eigenen Lebens.«[20]

Dass die Themen Nachfolge und Nachlassregelung oft tabuisiert werden, bestätigt auch eine Befragung des Allensbach-Instituts im Auftrag der Postbank.[21] Dabei wurde untersucht, wie die Deutschen ihren Nachlass planen. Unter anderem zeigte sich, dass nur 45 Prozent der Personen ab 65 Jahre ein Testament haben und dass mehr als die Hälfte der Erblasser noch nicht

mit ihren vorgesehenen Erben über den Nachlass gesprochen haben. Zu ähnlichen Ergebnissen kommt eine Befragung von Bankberatern im Rahmen einer Dissertation zur Vermögensübertragung im Alter. Fast alle Berater, die sich mit Vermögensübertragungen beschäftigen, gehen davon aus, dass nur jeder zweite Erblasser mit seinen Erben offen und umfänglich über die getroffene Entscheidung spricht.

Außerdem berichten die Berater auffallend oft über die Erleichterung ihrer Kunden, wenn in Sachen Erbschaft alles besprochen und geregelt ist. Das deute darauf hin, so der Studienleiter Martin Wittschier, dass die Klienten froh darüber sind, die Beratung hinter sich gebracht zu haben – nach dem Motto »schnell erledigen und abhaken«.

TABUTHEMA TESTAMENT

Mein Vater war bei seinem Umgang mit Erbschaftsfragen also kein Einzelfall. Auch er hat erst im Alter von 68 Jahren mit uns Kindern über das Testament geredet. Und auch er hat sich für seine Nachlassregelung nicht mehr Zeit genommen als unbedingt nötig.

Er wollte diese Dinge offenbar so schnell wie möglich über die Bühne bringen und aus seiner Wahrnehmung tilgen.

Dazu passt auch das Bild, das sich unserer Familie bei der Öffnung des Familientresors bot: Ordentlich gereihte Ordner mit Firmenbilanzen der letzten 30 Jahre und daneben ein wirrer Haufen notarieller Dokumente. Der Ehevertrag meiner Eltern und meiner Schwester, Grundbucheintragungen, postmortale Vollmachten, eine Patientenverfügung und irgendwo dazwischen das Testament. Wahrscheinlich hat er es absicht-

lich vergraben, damit es ihm beim Blick in den Tresor nicht gleich ins Auge stach. Ein Zitat von Karl Valentin, den mein Vater gerne mochte, trifft dieses Verhalten gut: »Nicht dass ich Angst vorm Sterben hätte, ich möchte einfach nicht dabei sein, wenn es passiert.«

Diese Abwehrhaltung gegenüber der eigenen Endlichkeit findet sich auch in den Aussagen der Bankberater aus Wittschiers Dissertation: Alle befragten Berater berichten, dass die von ihnen betreuten Erblasser die Auseinandersetzung mit der eigenen Endlichkeit als hochemotional und zumeist bedrohlich erleben und dass die Beratungsgespräche bei ihren Klienten oft mit Angst, Wut, Unsicherheit, Reserviertheit oder Misstrauen verbunden sind.

Erben gleich zu behandeln schafft nicht automatisch Gerechtigkeit.

Ebenso erging es meinem Vater. Das Thema der Verteilung des Vermögens anzusprechen war für ihn mit einem ganzen Bündel von Problemen beladen. In Deutschland spricht man ja bekanntlich nicht über Geld und Besitz. Und der unumgängliche Umstand, sich in den testamentarischen Verfügungen festlegen zu müssen – und bei uns Kindern möglicherweise auf eine andere Vorstellung von Gerechtigkeit zu stoßen – bereitete ihm ganz bestimmt psychischen Stress. Erben gleich zu behandeln schafft eben nicht automatisch Gerechtigkeit, das war meinem Vater wohl auch klar.

Und unterschwellig war ihm sicher bewusst, dass er in seinem Testament Entscheidungen treffen musste, die einzelne Familienmitglieder schmerzen würden. Allein der Gedanke,

durch seinen letzten Willen möglicherweise unseren »heiligen« Familienfrieden zu stören, muss ihn sehr bedrückt haben. Doch über solche »Seelenbeschwerden« hat mein Vater niemals geredet.

Die Entscheidung, das Vermögen zu Lebzeiten aufzuteilen und damit den Nachlass zu regeln, traf mein Vater nicht aus innerem Antrieb. Anlass waren vielmehr äußere Ereignisse: der Tod eines engen Freundes und die Neuregelung der Steuergesetzgebung im Jahre 2009.

Die größte Angst hatte er offenbar davor, dass wir Kinder ihm nach der Übergabe das mühsam erarbeitete Hab und Gut »wegnehmen« und möglicherweise sogar verschleudern würden. Entsprechende Andeutungen hat er öfters gemacht, wenn auch oft nur in Nebensätzen. Und sein Testamentsvollstrecker hat uns später bestätigt, dass Vater immer befürchtete, dass die nächste Generation das Vermögen mit vollen Händen zum Fenster hinauswirft.

Daher schrieb er im Testament umfangreiche Nießbrauchsregeln für sich und meine Mutter bei den Immobilien fest, ebenso wie seine Stimmrechtsmehrheit bei der Firmenübertragung.

Nießbrauch: Eine Person hält das wirtschaftliche Eigentum an einer Sache, deren Substanz aber einer anderen Person gehört.

Unterm Strich war sein Testament ein klares Misstrauensvotum gegenüber seiner Familie und – ich kann es leider nicht anders sagen – alles andere als ein Ruhmesblatt. Er konfrontierte uns mit seiner letztwilligen Verfügung kurz vor Weihnachten 2008 – allein der Gedanke daran empört mich heute noch.

12. WIR HABEN GEERBT, ABER NICHT DIE MACHT

»Kinder, wir müssen etwas besprechen«, sagte mein Vater knapp am Telefon und bestellte uns für den darauffolgenden Tag ins Haus unserer Eltern ein. Auf dem Esstisch standen Kekse und Wasser bereit, und wir bekamen unsere Plätze zugewiesen. Das war nicht die familiäre Atmosphäre, die sonst dieses Haus erfüllte. Eine seltsame Kälte lag in der Luft, ein Gefühl der Beklommenheit und Anspannung. Mein Vater und unser Steuerberater setzten sich an das Kopfende des Tischs. Der Steuerberater ergriff das Wort, erklärte, dass er von meinem Vater gebeten worden sei, den Nachlass zu erklären, und gab jedem von uns einen dicken Aktenordner. Dann informierte er uns in einem zügigen Monolog über den Inhalt dieser Ordner, verabschiedete sich und verschwand. Nachfragen oder Diskussionen waren für diesen Termin offenbar nicht vorgesehen. Irgendwie fühlten wir uns alle wie vor den Kopf gestoßen. Meine Schwester und ich nahmen unsere Ordner und fuhren nach Hause. Ganz realisiert hatte ich noch nicht, was uns da eben präsentiert wurde. Nur so viel war mir klar: Nach dem Willen meines Vaters sollte das Unternehmen nach seinem Tod verkauft werden.

Und mit sofortiger Wirkung schenkte er die Firma zu gleichen Teilen meiner Schwester und mir. Eigentlich wollte ich das Testament noch am gleichen Abend von einem befreundeten Steuerberater prüfen lassen. Aber letztendlich war mir das Ganze so peinlich, dass ich ihm am Telefon nur einige Abschnitte vorlas. Er äußerte unzweifelhaft Besorgnis, die ich aber innerlich beiseiteschob. Viel lieber wollte ich glauben, dass mein Vater schon alles richtig gemacht hatte.

Vier Tage später traf sich die Familie zur Beurkundung des Testaments meines Vaters. Der Termin fand bei einem uns gänzlich unbekannten und gerade erst frisch vereidigten Notar in der Nähe des Büros unseres Steuerberaters statt. Für dieses Treffen war gerade einmal eine Stunde anberaumt.

Dass das Unternehmen nach dem Tod meines Vaters verkauft werden sollte, durchkreuzte eigentlich meinen Plan, seine Nachfolgerin zu werden. Allerdings gab es einen Passus, der mich beruhigte: »Wenn und soweit meine im Unternehmen tätige Tochter ... und der Testamentsvollstrecker übereinstimmend der Auffassung sind, dass die Schubert Unternehmensgruppe dauerhaft oder für einen bestimmten Zeitraum fortgeführt werden soll, so ist der Testamentsvollstrecker ... befugt, von der Veräußerung des Unternehmens bzw. der Unternehmensbeteiligungen vorläufig oder auf Dauer abzusehen.« Also schien alles gut zu sein. Danach folgte ein Satz, dessen Bedeutungsschwere mir damals noch nicht in seiner vollen Tragweite klar war: Im Fall der Fortführung des Unternehmens besteht »Dauertestamentsvollstreckung«. Und die bis zur zeitlichen Höchstgrenze – das sind 30 Jahre, wie ich heute weiß. Dauertestamentsvollstreckung, muss man wissen, bedeutet für die Erben oft eine ganz wesentliche Einschränkung ihrer Verfügungsbefugnisse.

Das Unternehmen gehörte zwar formal nun uns, doch der Schenkungsvertrag sah vor, dass die Erträge weiter an meinen Vater flossen. Außerdem sicherte er sich über den Gesellschaftervertrag die Mehrheit der Stimmen. Im Grunde genommen blieb also alles, wie es war. Aber das habe ich damals, wie gesagt, in seiner gesamten Tragweite noch nicht erkannt. Und da der Gesellschaftervertrag zu einem späteren Zeitpunkt ohne

Notar unterzeichnet wurde, entging mir eine weitere brüskierende Regelung: In diesem Papier wurde darauf verwiesen, dass im Falle des Todes meines Vaters seine gesamten Stimmrechte auf den Testamentsvollstrecker übergehen sollten. Also wäre die Situation bei einer Nichtveräußerung des Unternehmens ebenfalls die gleiche geblieben wie zu Lebzeiten meines Vaters. Nur mit dem Unterschied, dass nicht er über das Wohl und Wehe der Schubert Unternehmensgruppe entschieden hätte, sondern der Testamentsvollstrecker. Durch diese Verfügung wurden wir praktisch entmündigt – aber auch das wurde mir erst später bewusst.

Dauertestamentsvollstreckung bedeutet für die Erben oft eine wesentliche Einschränkung ihrer Verfügungsbefugnisse.

Das Ehegattentestament meiner Eltern umfasste 17 Seiten. Im ersten Teil wurden Barvermögen und Immobilien verteilt. Im zweiten, wesentlich längeren Teil ging es um die Regelungen zur Veräußerung des Unternehmens. Diesem Teil hatte mein Vater im Vorfeld offenbar wenig Aufmerksamkeit gewidmet. Als die Details nun verlesen wurden, fielen ihm und auch mir plötzlich Dinge auf, die unserem unternehmerischen Denken zutiefst widersprachen.

Zum Beispiel war verfügt worden, dass der Unternehmensverkauf, sofern beschlossen, durch den Testamentsvollstrecker stattfinden sollte. »Das kriegen wir auch selbst hin, es sei denn, wir sind uns uneinig über den Verkauf«, wendete ich mit Zustimmung meiner Schwester ein.

In dieser Weise fragten wir bei etlichen Punkten genauer nach und forderten den Notar auf, entsprechende Änderungen

einzutragen. Ganze Passagen des Testaments wurden nun gestrichen, handschriftlich geändert und von meinem Vater paraphiert.

Dies alles geschah sehr zum Verdruss unseres Steuerberaters und Testamentsvollstreckers. Er wurde immer erregter und wollte meinen Vater von den Änderungen abhalten. Der Notar reagierte zunehmend irritiert, da er davon ausging dass die »Mandantschaft« – also mein Vater und wir – den Text des Testaments doch wohl schon seit längerer Zeit kennen sollte.

Unser Hausnotar hätte uns im Vorfeld der Testamentsbeurkundung sicherlich auf die Folgen der einzelnen Verfügungen hingewiesen, und wir hätten die Dokumente niemals unterschrieben! Doch er war in den ganzen Vorgang ja nicht involviert worden.

**Unser Hausnotar war in den ganzen Vorgang
nicht involviert.**

Und nun war es für eine weitere Überprüfung definitiv zu spät. Der Notartermin war der letztmögliche vor den Feiertagen im Dezember und vor der Gesetzesänderung im Januar.

Nicht nach der nur einen anberaumten Stunde, sondern nach fünf nervenaufreibenden Stunden war der Termin endlich beendet. Die Stimmung zwischen meinem Vater und dem Testamentsvollstrecker war ziemlich angespannt und aggressiv. Wir fühlten uns alle irgendwie betrogen. Statt die Schenkung gebührend mit Champagner zu begießen, steuerte unsere Familie die nächstbeste Kneipe an, um erst einmal einen Schnaps zu trinken. Doch auch damit ließ sich das unausgesprochene Gefühl, über den Tisch gezogen worden zu sein, nicht wegspü-

len. Richtige Freude über die Schenkung wollte auch bei uns Beschenkten nicht aufkommen. Und auch das Verhältnis zu unserem Steuerberater war seit diesem Tag getrübt.

AUS LIEBE ENTMACHTET

Mein Vater hatte das Testament und den Schenkungsvertrag wohl schon ein halbes Jahr lang auf dem Tisch liegen gehabt. Die Schenkung hatte er von einer anderen Kanzlei prüfen und als korrekt absegnen lassen, nicht aber das Testament und den Gesellschaftervertrag. Auch diese Nachlässigkeit ist wohl seinem Unwillen geschuldet gewesen, sich mit seinem Ableben auseinanderzusetzen.

Als ich ihn später fragte, warum er den zweiten Teil des Testaments nicht im Detail durchgelesen habe, meinte er nur, dass ihn das doch gar nicht wirklich interessieren müsste. Zum Zeitpunkt des Inkrafttretens der Verfügung wäre er ja schon tot. Und eine Überprüfung durch weitere Berater habe er nicht veranlasst, weil unser Steuerberater ihm gesagt habe, er habe auf diese Konstruktion eine Art »Patent«.

Ich habe meinen Vater immer sehr für seine fürsorgliche Art und sein unternehmerisches Denken bewundert. Aber in diesem Fall hat er nicht verantwortungsvoll gehandelt, sondern uns die ganze Arbeit mit dem Unternehmensverkauf einfach vor die Füße geworfen.

Er hat uns die Möglichkeit verwehrt, mit dem Erbe das zu machen, was wir für richtig hielten. Wir haben Vermögenswerte geerbt, aber nicht die Macht.

Warum mein Vater mir offenbar nicht zugetraut hat, das Unternehmen alleine weiterzuführen, lag wohl zum einen an

seiner Überzeugung, dass Frauen für Führungspositionen generell nicht geeignet seien. Zum anderen hat er viel gelitten unter der Verantwortung, die er als Leiter und Eigentümer der Firma trug. Er wusste, dass überall Gefahren lauern: Eine einzige Gesetzesänderung, eine Steuerprüfung oder das Fehlverhalten eines Geschäftsführers konnte reichen, um das Unternehmen an den Abgrund zu manövrieren. Dagegen hatte er sich gewappnet, so gut es ging. Doch die mit diesen Risiken verbundenen schlaflosen Nächte, die Aufregung vor Kundenverhandlungen, die Angst vor einem politischen Wechsel – diesen ganzen existenziellen Dauerstress des Unternehmers wollte er mir nicht zumuten. Insofern kann ich seine Haltung verstehen.

Viele Regelungen seines Testaments hat mein Vater aus Liebe zu seiner Familie verfasst.

Dennoch – als erwachsene Menschen hätten wir mehr Respekt verdient. »Respekt bedeutet die Bereitschaft des Gründers zum Gespräch, … Respekt bedeutet eine frühzeitige Planung der Nachfolge, Respekt bedeutet Transparenz, Respekt bedeutet die Beteiligung derer, die am Ende mit der Situation zurechtkommen müssen.«[22] Mit diesen Worten spricht mir Kirsten Baus, Expertin für Familienunternehmen, aus der Seele. Mein Vater hätte uns in die Gestaltung seines Testaments miteinbeziehen müssen. Dann hätte er uns – und vor allem mir – das ganze Chaos erspart, das nach seinem Tod über uns hereinbrach. Dann wäre sicherlich auch zur Sprache gekommen, dass es in unserem Fall nicht nur sinnlos, sondern nahezu entwürdigend wäre, meiner Schwester und mir einen Testamentsvollstrecker

vor die Nase zu setzen, der uns nach Vaters Tod noch 30 Jahre lang vorschreiben kann, wie wir mit dem Erbe umgehen sollen. Bei allem Verständnis für die Fürsorglichkeit meines Vaters – in diesem Punkt hat er es mit ihr entschieden zu weit getrieben.

13. DIE DAUERTESTAMENTSVOLLSTRECKUNG UND DAS BILD DER SCHWACHEN FRAUEN

Warum hatte mein Vater verfügt, dass meine Schwester und ich im Fall einer Nichtveräußerung der Firma unter Aufsicht einer Dauertestamentsvollstreckung stehen? Das war sicher keine Absicht, sondern wiederum eine Nachlässigkeit. Er hat sich darüber wohl schlichtweg keine Gedanken gemacht. Ihm war vermutlich auch nicht klar, dass es verschiedene Möglichkeiten der Testamentsvollstreckung gibt. Und niemand hatte ihn darauf hingewiesen, dass bei uns eine Abwicklungsvollstreckung vollkommen gereicht hätte.

Der Abwicklungsvollstrecker leitet die Aufteilung des geerbten Vermögens an alle Begünstigten ein und kann auch als Schiedsrichter zwischen Erben wirken.

Damit wäre dem Testamentsvollstrecker die wichtige und nützliche Aufgabe zugekommen, alle testamentarischen Verfügungen möglicht rasch und reibungslos umzusetzen.

Die Gesetzgebung sieht eine Dauertestamentsvollstreckung vor allem dann vor, wenn das Vermögen sehr komplex ist, wenn die Kinder minderjährig sind, wenn sie aus mehreren Ehen stammen oder wenn sie wegen einer Krankheit oder Behinderung nicht in der Lage sind, das ererbte Vermögen sinnvoll und wirtschaftlich zu verwalten. Experten empfehlen bei besonders jungen Erben eine Begleitung der Erben bis zum 27. Lebensjahr.

Zur Zeit der Testamentsvollstreckung waren meine Schwester und ich um die vierzig. Dazu war ich seit 14 Jahren im

Unternehmen in führender Stellung tätig! Für eine Dauertestamentsvollstreckung lag somit nicht ein einziger der genannten triftigen Gründe vor.

In der Rechtsprechung wird übrigens ausdrücklich und kritisch auf den »Entmündigungscharakter« dieser Maßnahme hingewiesen. Doch allem Anschein nach ist die Dauertestamentsvollstreckung dennoch ein probates Mittel, um Erben außer Gefecht zu setzen, die zwar rundum geschäftsfähig sind, denen der Erblasser aber nicht zutraut, ihr Lebenswerk verantwortungsvoll fortzuführen.

Die Dauertestamentsvollstreckung ist ein probates Mittel,
um Erben außer Gefecht zu setzen.

Ich habe mich mit einigen solcher Fälle näher beschäftigt, und mir ist aufgefallen, dass sich diese testamentarischen Vorkehrungen nicht selten gegen weibliche Erben richten.

Auch Horst Sartorius wollte sein Unternehmen über den Tod hinaus lenken und sein Vermögen vor dem Zugriff seiner Kinder schützen. Zu Lebzeiten hatte er schlechte Erfahrungen mit seinen Nachgeborenen gemacht. Der Sohn hatte die Göttinger Firma für Filter- und Wägetechnik in den 1980er Jahren vom Vater übernommen und heruntergewirtschaftet. Um das Unternehmen zu retten, kaufte der Senior es für eine hohe Summe zurück.

Bevor Horst Sartorius im Alter von 87 Jahren verstarb, verfügte er, dass ein renommierter Professor seinen Anteil am Unternehmen 30 Jahre lang verwalten sollte. Den Sohn hat er testamentarisch nicht bedacht. Seine drei Töchter, alle drei über 40 Jahre alt, wollte er von der Unternehmensführung fernhal-

ten. Ein Verkauf von Anteilen war ihnen ebenso untersagt wie ein Posten im Unternehmensvorstand. Zwei der drei Schwestern waren mit dem Nachlassverwalter nicht zufrieden. Sie drängten ihn gegen eine Abfindung in Millionenhöhe aus dem Amt. Das sollten sie später bitter bereuen.

ERBEN OHNE MITSPRACHERECHT

Als Ersatz-Testamentsvollstrecker wurde der Lebensgefährte einer der Schwestern benannt. Doch dagegen ging die dritte Schwester juristisch vor, weil ihrer Ansicht nach die Unabhängigkeit des Mannes nicht gegeben sei. Das Gericht gab ihr recht. Daraufhin bestimmte das Nachlassgericht einen neuen Testamentsvollstrecker, den Münchner Professor Arnold Picot. Mit dieser Benennung waren die Erbinnen dem Vernehmen nach allesamt nicht einverstanden. Die Schwestern prozessierten gegen das gerichtliche Ernennungsrecht und wurden abgewiesen. »Wunschvollstrecker« waren und sind juristisch nicht vorgesehen. Entscheidend ist immer der Wille des Erblassers. Erben müssten sich sogar gefallen lassen, dass ihr »Intimfeind« in das Amt berufen wird.

Sie haben keine Chance, dagegen rechtlich vorzugehen.

Erben müssten sich sogar gefallen lassen, dass ihr
»Intimfeind« zum Testamentsvollstrecker berufen wird.

Picot, der neue Testamentsvollstrecker, verwaltete von nun an das Vermögen der Sartorius-Erbinnen und wurde, wie testamentarisch verfügt, zum Vorsitzenden des Aufsichtsrates der Firma berufen. Was fortan unternehmenspolitisch geschah, er-

fuhren die Erbinnen nur noch aus der Zeitung. Nicht einmal Ihr Dividendenanspruch wurde bedient. Mit den Ausschüttungen, so der Testamentsvollstrecker, müsse ein Kredit abbezahlt werden, der zur Begleichung der Erbschaftssteuer aufgenommen wurde. Die Erbinnen konnten nichts dagegen tun. Der Testamentsvollstrecker übte sein Amt praktisch ohne Kontrolle aus, die Töchter hatten keinerlei Mitspracherechte. Selbst wenn er die Firma völlig ruiniert hätte – die Töchter hätten hilflos zusehen müssen.

Und sogar im Todesfall des Testamentsvollstreckers wären die Erbinnen ihren allmächtigen »Treuhänder« nicht losgeworden. In einem solchen Fall wäre gerichtlich ein neuer Nachlassverwalter berufen worden. So lenkt die Hand des längst verstorbenen Patriarchen bis heute die Geschicke des Unternehmens. Und seine Töchter werden sich dieser Fremdbestimmung bis ins Jahr 2028 beugen müssen. Erst dann dürfen sie über die Aktienmehrheit des Unternehmens verfügen. Dann sind die drei Erbinnen selbst um die achtzig – wenn sie diesen Zeitpunkt überhaupt noch erleben sollten.

WENIG DURCHDACHTE REGELUNGEN

Hätte mein Vater wirklich gewollt, dass seine Töchter ihr Erbe de facto erst im Greisenalter antreten können? Nein, aber es wäre trotzdem passiert, weil der Testamentsvollstrecker die Stimmenmehrheit in der Gesellschafterversammlung hatte, die zuvor meinem Vater die Freiheit ließ, das Unternehmen trotz der Schenkung an seine Töchter nach seinem Ermessen zu führen. Mir als seiner Nachfolgerin wäre das erst im Jahr 2040 möglich gewesen – im Alter von dann 72 Jahren!

Wenn wir vor dem unseligen Notartermin gemeinsam und ausführlich über das Testament gesprochen hätten, wäre uns diese desaströse Klausel sicherlich aufgefallen. Doch mein Vater wollte nicht über sein Testament reden – nicht mit uns und nicht mit anderen Beratern. Auch dieses betretene Schweigen über den letzten Willen ist offenbar weit verbreitet. »Gespräche über Erbschaften sind nach den vorliegenden Erkenntnissen in der Regel das Gegenteil eines intensiven Austauschs über das Für und Wider verschiedener Formen der Vermögensübertragung«, stellt Karsten Schulte fest.[23] Der Autor einer Studie über »Erben in Deutschland« hat sich mit den emotionalen Aspekten von Erbschaften beschäftigt und festgestellt, dass viele Erblasser testamentarische Angelegenheiten gerne vor sich herschieben. Sie glauben zwar, alles exakt geregelt zu haben, doch das Gegenteil ist der Fall: »Letztlich führt dieses weit verbreitete Vermeidungsverhalten zu wenig durchdachten Regelungen.«

Viele Erblasser glauben, alles exakt geregelt zu haben,
doch oft ist das Gegenteil der Fall.

Oft werden Testamente im »stillen Kämmerlein« aufgesetzt, und die Familie erfährt höchstens, wo das Vermächtnis hinterlegt ist. Die Aussagen vieler der befragten Erblasser, so der Autor, legen nahe, »… dass eine allzu transparente Regelung über die Erbschaft, die auch noch mit den Erben abgestimmt ist, gewissermaßen eine Vorwegnahme des eigenen Todes darstellt.«

Dieser »Abwehrzauber« lässt sich auch mit einfacheren Worten beschreiben: Nach mir die Sintflut …

14. DIE ÜBERFORDERTE FAMILIE – EXISTENZÄNGSTE, GEFÜHLSCHAOS UND KEINE ZEIT FÜR TRAUER

Als mein Vater mit 69 Jahren an den Folgen eines Herzinfarkts starb, hinterließ er ein Unternehmen mit einem Umsatz von mehr als 100 Millionen Euro und etwas mehr als 5000 Mitarbeitern.

Mein Vater verstarb donnerstags am Tegernsee, freitags holte ich meine Mutter zurück nach Krefeld, und am Samstag kam die Dame vom Bestattungsinstitut. Wir wollten eine würdevolle Beerdigung, aber ohne zu viel Pomp und erhabenes Gedenken an das Lebenswerk meines Vaters. Mein Vater hatte seinen unternehmerischen Erfolg nie an die große Glocke gehängt und lieber zurückhaltend gearbeitet. Diese Haltung sollte sich in seiner Beisetzung widerspiegeln.

Bei der Auswahl des Sarges trugen wir der körperlichen Fülle und der Bedeutung meines Vaters Rechnung. Wir wählten ein sehr massives Modell. Auch für die Traueranzeigen fanden wir einen guten Weg, ihn so darzustellen, wie wir ihn sahen:

Ich sterbe,
aber meine Liebe zu Euch stirbt nicht.
Ich werde Euch vom Himmel aus lieben,
wie ich Euch auf Erden geliebt habe.

Christoph Schubert
* 23.11.1940   † 19.8.2010
Chemnitz   Rottach-Egern

Mit seiner Liebe, Herzlichkeit und Fürsorge
bildete er bis heute den Mittelpunkt unserer Familie.

Leider war mein ehemaliger Religionslehrer und Pastor im Urlaub. Er hatte auch schon für die Beerdigung meiner Großmutter die passenden Worte gefunden. Doch auch die Pastorin unserer Heimatgemeinde machte ihre Sache sehr einfühlsam.

Bereits am Sonntag erhielt ich über meinen Schwager die Nachricht unseres kaufmännischen Geschäftsführers, dass ich mir einen Anwalt nehmen solle. Wozu?, fragte ich mich. Der Inhaber unserer Steuerkanzlei war doch auch Anwalt und unser direkter Ansprechpartner in allen rechtlichen Fragen. Mein Vater hatte dem Geschäftsführer wohl vier Wochen vor seinem Tod bei einem Mittagessen gesagt: »Falls mir etwas zustoßen sollte, soll sich Kirsten unbedingt einen Anwalt zur Überprüfung der Testamentsvollstreckung nehmen.« Dass ich für all diese Dinge zuständig sein würde, war von vornherein klar. Meine Schwester und meine Mutter waren zu diesem Zeitpunkt nicht berufstätig und hatten auch keinen Einblick ins Unternehmen. Der Organisator in der Familie war ich. Aber wie es aussah, auf ewig Vaters »persönliche Assistentin«.

RÜCKENDECKUNG GESUCHT

Doch welchen Anwalt sollte ich beauftragen? Durch mein Netzwerk kannte ich viele Anwälte und Unternehmensberater. Aber wer war in dieser Ausnahmesituation die richtige Person, der wir drei Erbinnen – Mutter, Schwester und ich – vertrauen konnten?

Seit Jahren war ich ehrenamtlich für eine Stiftung tätig, die sich für die Heilung neuronaler Erkrankungen wie Parkinson, Multiple Sklerose oder Querschnittslähmung einsetzte. Dort engagiert sich auch ein Anwalt, von dem ich erst ein halbes Jahr

vor dem Tod meines Vaters erfahren hatte, auf welche Themen er spezialisiert ist: Erbrecht, Steuerrecht, Nachfolge und Mergers & Acquisitions.

Mergers & Acquisitions: ein Sammelbegriff für Transaktionen im Unternehmensbereich wie Firmenkäufe und -verkäufe, Fusionen oder Betriebsübergänge.

Das traf punktgenau meinen Beratungsbedarf. Also rief ich ihn sonntags auf dem Mobiltelefon an, und wir verabredeten direkt für Montag ein Treffen in meinem Büro. Am Tag vorher hatte ich selbstverständlich unseren Testamentsvollstrecker über das Ableben meines Vaters informiert. Er sollte sich ja wie vom Gesetz vorgesehen um alles Weitere kümmern.

Vier Tage nach dem Tod meines Vaters ging ich am Montag wieder ins Büro. Ich war sehr angespannt und konzentrierte mich mit voller Kraft auf die Jobs, die jetzt erledigt werden mussten. Eigentlich wollte ich nicht gleich die ganze Belegschaft über den Tod meines Vaters informieren. Noch hatte ich keinen Plan und keine klare Botschaft zur Fortführung des Unternehmens. Doch dieser erhoffte Aufschub blieb mir verwehrt. Ein Freund meiner Eltern wusste seit Freitag vom Tod meines Vaters. Am Montag früh traf er zufällig Mitarbeiter unseres Unternehmens und sprach sie darauf an, wie schrecklich »das alles« mit meinem Vater wäre. Außerdem sprach mir eine Bekannte, die durch eine enge Freundin von dem Trauerfall wusste, per Mail ihr Beileid aus. Die Nachricht ging an meine Firmen-Mailadresse, deren Nachrichten auch meine Assistentin lesen konnte. Ich hatte folglich keine Chance, zu taktieren. Also rief ich die Geschäftsführung zusammen und informierte

sie persönlich über den Tod meines Vaters. Ich sagte ihnen auch, dass noch unklar sei, wie es nun weitergehen solle. Meine Gefühle waren in diesem Moment wie betäubt, andernfalls wäre ich wohl an ihnen zerbrochen.

Nachdem der erste Schock überwunden war, boten mir die Geschäftsführer ihre Unterstützung an. Parallel dazu entwarf meine Assistentin eine Rundmail für die Mitarbeiter, dazu einen Pressetext für externe Anfragen und eine Formulierung für die Todesanzeigen der Firma und des Betriebsrats. Dass die Information über den Tod meines Vaters in Düsseldorf bereits seit Sonntagabend kursierte, erfuhr ich erst später. War unser Testamentsvollstrecker ohne Rücksprache und offiziellen Auftrag bereits tätig geworden, um nach potenziellen Käufern für das Unternehmen Ausschau zu halten? Die Hinweise darauf verdichteten sich.

Das Nachlassgericht benötigt die Sterbeurkunde für den Antrag auf Erteilung eines Erbscheins.

Der Leichnam meines Vaters befand sich an diesem Montag noch immer am Tegernsee. Nach dem Besuch des Bestatters am Freitag hatte das Standesamt in Rottach-Egern schon Dienstschluss. Und als dann am Montag die Sterbeurkunde vorlag, war es für den Fahrer des Bestattungsinstitutes zu spät, um noch bis Krefeld zu fahren. Den Totenschein bekamen wir erst am Abend des folgenden Dienstags. Mein Schwager holte das Dokument beim Bestattungsunternehmen ab und brachte es mir noch in der Nacht vorbei. Ich brauchte dieses Schriftstück dringend, um alles Weitere bei Banken, Versicherungen und anderen Stellen zu veranlassen.

Nun konnten wir auch endlich den Bestattungstermin koordinieren.

EIN WICHTIGER HINWEIS

Das Gespräch mit dem Anwalt am Montag erwies sich als sehr nützlich. Er gab mir eine Liste von Dokumenten, die ich besorgen sollte, damit er sich ein umfassendes Bild von der Lage machen konnte. Mein Schwager unterstützte mich bei der Beschaffung dieser Unterlagen. Auch er war total geschockt über den Tod meines Vaters und froh, etwas tun und uns helfen zu können. Glücklicherweise fanden sich viele Dokumente meines Vaters, wenn auch nur in Kopie und unsortiert, im Tresor meiner Mutter in Krefeld. Als der Anwalt und ich uns am Nachmittag desselben Tages bei mir zu Hause wieder trafen, machte er mich darauf aufmerksam, dass die Regelung des Nachlasses nicht so einfach werden würde, wie wir glaubten. Er äußerte Befürchtungen, dass unser Testamentsvollstrecker ein sehr gewichtiges Wort beim Umgang mit der Zukunft unseres Unternehmens mitzusprechen hätte. Ein weiterer Schock für die Familie.

Mittwochmorgens kam der erste Berater einer unserer Banken zu mir nach Hause, um mit der postmortalen Vollmacht, die ich von meinem Vater bekommen hatte, den Nachlass zu regeln. Mit diesem Dokument kann die bevollmächtigte Person alle laufenden Geschäfte und wichtige Verfügungen unmittelbar regeln. Besonders wichtig: Diese Vollmacht verhindert, dass es zu einem Rechtsstillstand zwischen dem Erbfall und der endgültigen Feststellung des Erbes kommt, sie schützt damit vor der finanziellen Handlungsunfähigkeit.

Als Bevollmächtigte konnte ich also die wichtigsten Dinge sofort erledigen. Ich zeigte dem Vertreter unserer Hausbank eine beglaubigte Kopie des Testamentes, und er verteilte das Barvermögen anhand der dort festgeschriebenen Quoten. Wir Erbinnen befürchteten wohl nicht zu Unrecht, dass unser Testamentsvollstrecker diese Transaktionen mit seinem Vollstreckungszeugnis erst einmal blockiert hätte. Die Folgen wären äußerst unangenehm gewesen. In diesem Fall hätte meine Mutter nichts mehr bezahlen können – keinen Anwalt und nicht einmal die Beerdigung –, denn auf ihrem Girokonto lag nur das monatliche Haushaltsgeld.

Die postmortale Vollmacht schützt vor der finanziellen Handlungsunfähigkeit der Erben in der Zeit zwischen dem Todesfall und der Ausstellung des Erbscheins.

Wieder einmal zeigte sich, dass das stets gute Verhältnis zu unseren Geschäftspartnern auch in dieser heiklen Lage trug. Nicht selten frieren Banken das Konto des Erblassers so lange ein, bis der Erbschein vorliegt. Doch unsere Bank handelte in dieser Sache eher unbürokratisch und vor allem schnell. Selbst unser langjähriger Notar kam persönlich zu mir nach Hause, und so wurde mein Esszimmer in ein Büro umgewandelt. Derweil kümmerten sich meine Schwester und meine Mutter weiter um die Ausrichtung der Trauerfeier. In der Firma ließ ich mich entschuldigen. Es wäre gerade alles zu viel für mich.

15. »SEIN WILLE GESCHEHE!« DER TESTAMENTS-VOLLSTRECKER WILL SEINES AMTES WALTEN

Noch bevor mein Vater beerdigt wurde, rief der Testamentsvollstrecker bei mir an. Er wollte möglichst rasch einen persönlichen Termin mit mir, um über die Fortführung des Unternehmens zu sprechen. Angesichts der Perspektive einer Dauertestamentsvollstreckung wäre für seine Kanzlei daraus ein lukratives Geschäft geworden – im Prinzip gegen den ursprünglichen Willen meines Vaters.

Wäre das Unternehmen fortgeführt worden, hätte der Testamentsvollstrecker dort 30 Jahre lang das Sagen gehabt.

Er hätte eine Apanage für sein Amt als Testamentsvollstrecker bekommen, hätte sich selbst oder eine seiner Vertrauenspersonen als Geschäftsführer einsetzen können und hätte alles, was in der Firma juristisch oder steuerlich zu regeln gewesen wäre, an seine Kanzlei vergeben dürfen. Er hätte auch den Zeitpunkt des Unternehmensverkaufs bestimmen können, sogar den Käufer und den Verkaufspreis.

Angesichts dieser verheißungsvollen Aussichten hatte der Testamentsvollstrecker ein sehr vitales Interesse daran, mich schnell auf seine Seite zu ziehen. Das Bild, das meine Schwester und ich von ihm hatten, war alles andere als das eines »guten Freundes« der Familie. Er hatte unsere Familie über zehn Jahre bei Steuerfragen beraten. Uns Frauen nahm er bei gemeinsamen Terminen allerdings beständig nicht für voll. Als ich ihn einmal im Rahmen der Geschäftsführung wegen dringender steuerlicher Terminsachen an einem Samstag im Büro treffen

musste und mein Vater nicht, wie angekündigt, dabei war, reagierte er patzig: »Wenn ich gewusst hätte, dass der Alte nicht da ist, wäre ich zu Hause geblieben.« Damals war ich noch nicht in der Lage, ihn in seine Schranken zu weisen.

Meine Schwester könnte Ähnliches berichten. Warum haben wir alle diese kleinen Zeichen der Geringschätzung, die dieser Mann uns gegenüber signalisierte, so lange nicht sehen wollen?

Nun war ich zum Glück vorgewarnt. Als mich der Testamentsvollstrecker anrief und das weitere Vorgehen diktieren wollte, läuteten bei mir endgültig die Alarmglocken. Er versuchte, mich unter Druck zu setzen: Ich wisse ja, dass meine Schwester und ich nur vier Wochen Zeit für die Verkaufsentscheidung hätten. Und ich würde doch wohl seine Meinung teilen, dass das Unternehmen fortgeführt werden solle. Anderenfalls wäre ich ja demnächst arbeitslos. Das könne ich doch nicht wollen. Da wäre es doch besser, wenn er sich mit mir und meiner Mutter zu einer kleinen Gesellschafterversammlung träfe, bei der man mit unserer Stimmenmehrheit die Unternehmensfortführung rasch beurkunden könnte. Dann teilte er mir mit, dass in diesem Fall sein Kanzleipartner, ein Betriebswirt, an den Geschäftsführungssitzungen und Beschlüssen zu beteiligen wäre. Außerdem versuchte er noch, einen Keil zwischen meine Schwester und mich zu treiben, indem er betonte, dass sie und mein Schwager wohl eher daran interessiert wären, schnell Geld zu machen, und somit – im Gegensatz zu mir – besonders großes Interesse an einem Unternehmensverkauf hätten.

Der Testamentsvollstrecker bemühte sich nach Kräften, mich zu verunsichern und zu beeinflussen.

Doch seine Zermürbungsstrategie lief ins Leere, denn unsere Familie hielt zusammen. Wir trauten diesem älteren Herrn nicht mehr über den Weg. Mit seinen struppigen Haaren, dem Schnauzbart und dem altmodischen, ausgebeulten Karo-Sakko wirkte er zudem wenig sympathisch und eher ungepflegt.

Diese Tage nach dem Tod meines Vaters waren nicht nur von Trauer und Verlust geprägt, sondern auch von Existenzängsten. Ich stand unter extremer Anspannung und konnte kaum noch schlafen. Dank des Beistands meines damaligen Freundes und meines Hausarztes habe ich diese Zeit trotzdem ohne Zusammenbruch überstanden. Mein Freund unterstützte mich moralisch und half meiner Mutter und meiner Schwester bei Entscheidungen zur Beerdigung. Mein Hausarzt verabreichte mir diverse Mittel, so dass meine Unruhezustände allmählich nachließen. Damit es weitergehen konnte, musste ich unbedingt einen klaren Kopf behalten.

DIE TRAUERFEIER

Der Tag der Beerdigung rückte immer näher, und diesmal hatte ich Angst vor der Trauer, die ich bisher unterdrücken konnte. Allein die Vorstellung, mein Vater läge dort im Sarg, bereitete mir ein mulmiges Gefühl. Doch dann war alles nicht so schlimm wie befürchtet. Die Beerdigung sollte der Natur meines Vaters entsprechen, der ein überaus humorvoller Mann gewesen war. Deshalb fiel weder die Blumendekoration noch die Musik bei der Trauerfeier zu elegisch aus. Neben der Familie erwies ihm auch die komplette Mannschaft des Eishockeyclubs, die er zu Lebzeiten unterstützt hatte, die letzte Ehre am Grab.

Nach der Beerdigung gab es bei seinem Lieblingsitaliener ein »Flying Buffet« an Stehtischen. Wäre mein Vater in das Restaurant gekommen, hätte er wohl gesagt: »Hier könnte die Stimmung aber besser sein.« Die Pastorin, der Gastronom und wie die Inhaberin des Blumengeschäftes haben sich außerordentlich angestrengt, um diesen Tag würdevoll, aber ohne Pathos zu gestalten. Auch die politischen Vertreter der Stadt halfen uns, ohne große Umstände einen schönen Platz auf einem Friedhof in der Nähe unseres Hauses zu finden.

Wir wollten keinen klassischen Marmorgrabstein mit Blumenbeet davor, das hätte unser Vater zu spießig gefunden. Nach einiger Suche fanden meine Mutter und meine Schwester bei einem Steinmetz, der auch Bildhauer war, das Richtige: eine Natursteinstele, über zwei Meter groß, grob behauen, mit einer kleinen schwarzen Inschrift. Besonders gefallen haben meiner Mutter die drei kleinen Bohrlöcher neben dem Namen meines Vaters – als Sinnbild für uns drei Hinterbliebene.

Am Abend nach der Trauerfeier saßen wir noch mit der engeren Familie zusammen und ließen den Tag ausklingen – bei einem 1972er Rotwein für »besondere Anlässe« aus dem Weinkeller meiner Eltern. Beim Eingießen merkte ich, dass der Wein nicht nur Depot hatte, sondern wie naturtrüber Kirschsaft aussah. Zu lange sollte man kostbare Momente im Leben nicht aufschieben. Sie könnten dann verdorben sein.

UNTER ZEITDRUCK

Kaum lag mein Vater unter der Erde, musste ich mich wieder um die Testamentsvollstreckung kümmern. Der Tod meines Vaters lag eine Woche zurück – und die Frist zur Einigung der Erben über den Verkauf oder Nichtverkauf des Unternehmens endete vier Wochen nach seinem Ableben.

Das hatte der Testamentsvollstrecker beim Entwurf der letztwilligen Verfügung vorgeschlagen – mit der Begründung, dass wir damit das Risiko einer längeren Diskussion in der Familie vermeiden könnten. Wir hatten ihm damals zugestimmt. Mir war allerdings überhaupt nicht klar gewesen, dass dieser Zeitraum kaum ausreichen würde, um alle Formalitäten für diese Entscheidung zusammenzutragen. Woher hätte ich das auch wissen sollen? Mit der ersten Variante des Testaments, die dafür drei Monate Zeit vorsah, wären wir besser beraten gewesen. Jetzt aber standen wir unter erheblichem Zeitdruck.

Die Frist zur Einigung der Erben über den Unternehmensverkauf endete vier Wochen nach dem Tod meines Vaters.

Glücklicherweise hatten sich, nach einem Hinweis von mir, schon bei der Testamentsbeurkundung alle Familienmitglieder darauf geeinigt, dass die Testamentsvollstreckung in Unternehmensangelegenheiten nicht sofort, sondern erst dann in Kraft tritt, wenn wir Erben uns nicht über den Verkauf einigen konnten. So hatten wir einen gewissen Entscheidungsspielraum und konnten im Nachhinein aufatmen. Die Änderung dieser Passage war damals einer der Gründe, warum der Testamentsvollstrecker den Notartermin wohl so erbost verlassen hatte. Galten

wir doch als »dicker Fisch« für die Kanzlei. Und der war nun nicht mehr so einfach zu angeln, wie er es gehofft hatte.

Wir Gesellschafterinnen waren uns schnell einig,
dass wir das Unternehmen verkaufen wollten.

Dafür sprachen gute Gründe. Zum einen die Marktsituation, denn mit der Größe unseres Unternehmens befanden wir uns gefangen im Mittelfeld zwischen den kleinen regionalen Dienstleistern und den großen Konzernen. Deshalb galt für uns in absehbarer Zukunft: wachsen oder weichen. Zum anderen wollten mir meine Mutter und meine Schwester die Bürde nicht auferlegen, das Unternehmen als Minderheitsgesellschafterin führen zu müssen. Dann hätte ich jede geschäftliche Entscheidung mit ihnen abstimmen müssen. So wäre es nahezu unmöglich gewesen, das Unternehmen vernünftig zu führen.

Nun mussten wir nur noch die rechtlichen Voraussetzungen für den Verkauf schaffen. Und zwar möglichst ohne den Testamentsvollstrecker.

SORGFALT BEI DEN LETZTEN DINGEN

Wie schon vor der Beerdigung teilten wir Frauen die Arbeit unter uns auf. Mutter und Schwester kümmerten sich um die üblichen Formalitäten, mit der jede Familie nach einem Trauerfall zu tun hat: Nachlassverzeichnis erstellen, Versicherungen abmelden, Witwenrente beantragen, Dankeskarten für die Kondolenzschreiben vorbereiten. Und so gingen sie systematisch durch jedes Zimmer des Hauses, um das Nachlassverzeichnis inhaltlich zu füllen.

Auch in dieser Hinsicht hatten meine Eltern wohl nicht die beste Wahl getroffen. Sie hatten kein gemeinsames Ehegattenkonto, und der Hausrat in meinem Elternhaus war immer vom Konto meines Vaters angeschafft worden. Deshalb gehörte dieser Hausrat zum Nachlass, obwohl das Haus schon vor Jahren meiner Mutter überschrieben worden war. Uns Töchtern hätte also theoretisch je ein Drittel des Hausinventars zugestanden. Selbstverständlich verzichteten wir darauf, zwei Drittel des Hauses leer zu räumen, aber wir markierten im Nachlassverzeichnis sicherheitshalber, was wem gehört. Mit gemischten Gefühlen klebten wir hinter die Gemälde und Möbelstücke Aufkleber mit unseren Namen.

Nachlassverzeichnis: eine Aufstellung der Gegenstände des Nachlasses mit ihrer Beschreibung und Wertangabe.

Warum all dieser Aufwand? Meine Eltern hatten im Testament verfügt, dass alles, was nach dem Tod meiner Mutter noch da ist, an die Enkel übergeht. Durch das Überspringen einer Generation sparten wir zwar einmal Erbschaftssteuer. Aber auch hier hatte der Steuerberater meiner Eltern etwas Wichtiges übersehen. Er hatte nicht daran gedacht, dass die Enkel im Falle des Todes meiner Mutter noch nicht volljährig sein könnten. Üblicherweise bestellt man für diesen Fall einen Vormund, zum Beispiel die Eltern. Doch dies ist versäumt worden, und so wäre im Fall der Fälle das Vormundschaftsgericht der Stadt Krefeld für die Verwaltung des Erbes meiner Nichte und meines Neffen zuständig gewesen.

Warum hatte mein Vater dieses Modell überhaupt gewählt und eine Generation übersprungen? Zum einen war er der

Meinung, dass meine Schwester und ich in seinem Testament schon gut bedacht wären, aber natürlich spielten da auch großväterliche Motive eine Rolle. Da mein Vater während unserer Kindheit wegen des Firmenaufbaus nur wenig Zeit für uns hatte, wollte er bei den Enkeln wohl einiges wiedergutmachen. Er hat viel Zeit mit ihnen verbracht, sie in den Zirkus, ins Kindertheater oder in den Zoo geführt. Sie waren zuletzt seine wichtigsten Bezugspersonen.

Natürlich wollte mein Vater, dass auch die Enkel materiell abgesichert sind.

Vielleicht erhoffte er sich auch ein wenig, dass man ihn noch lange in guter Erinnerung behalten würde.

Aber im Testament hat er auch nicht bedacht, eine Art »Schutzgitter« einzuziehen, so wie es spezialisierte Kanzleien empfehlen. Sollen die Kinder wirklich mit 18 Jahren schon über ein Vermögen allein entscheiden dürfen? Das hätte zum Beispiel mit einem Enkelfonds oder einer Altersbeschränkung vermieden werden können. Der Antritt des Erbes ist dann erst später möglich – etwa nach der Ausbildung oder dem Studium, wenn die Erben verantwortungsvoller mit dem Geld umgehen können.

SPÄTE ERKENNTNIS

Meine Mutter bemerkte schnell, dass mein Vater eben doch nicht für alle Fälle Vorsorge getroffen hatte. Sie beschäftigte sich intensiv mit den Inhalten des Testaments und wünschte sich für ihren Umgang mit dem ererbten Geld einen größe-

ren Handlungsspielraum. Doch laut Gesetz war sie zu keiner Änderung im Nachhinein befugt. Meine Eltern hatten ein gemeinschaftliches Testament. Sobald der erste Ehepartner stirbt, sollte das Testament mit allen Inhalten unabänderlich in Kraft treten. Bei der Erstellung des Testaments hatte mein Vater die Inhalte formuliert, und meine Mutter hatte mit unterschrieben. Was genau verfügt war, interessierte sie damals nicht – im Glauben, dass mein Vater schon alles richtig machen würde. Sie hatte damals alles mit abgenickt, und nun erlosch per Gesetz mit dem Tod meines Vaters ihr Widerrufsrecht.

Beim gemeinschaftlichen Ehegattentestament erlischt nach dem Tod des ersten Ehepartners das Widerrufsrecht der Verfügungen.

Meine Mutter mag sich gewundert haben, warum er als guter Geschäftsmann nicht auch eben daran gedacht hatte. Nein, hatte er nicht! Sein Unternehmen hat er immer vorbildlich geführt. Aber mit dem Erbe ist er weniger sorgfältig umgegangen. Dieses leidige Thema hat er lieber delegiert – entgegen seinen Prinzipien, immer und überall die Zügel in der Hand zu haben. »Trau niemandem über den Weg«, hatte mein Vater mir von klein auf eingetrichtert. Und dann hat er ausgerechnet sein Vermächtnis externen Händen anvertraut. Mein Vater wollte damit sicherstellen, dass »sein Wille geschehe«. Doch vielleicht hat er sich mit den Details dessen, dass sein von ihm erkorener Vollstrecker seines letzten Willens dereinst tatsächlich vollstrecken sollte, nicht genügend beschäftigt.

Genau dieser »Vertrauensmann« saß mir nun im Nacken. Er versuchte mehrfach, mich telefonisch zu erreichen, da er ja alles mit mir »gemeinsam« regeln wollte. Über mein Büro

ließ ich ausrichten, ich sei noch nicht in der Verfassung für ein Gespräch, und legte den Termin mit ihm ans Ende der Woche.

Zwischenzeitlich begannen der Anwalt und ich unsere Arbeit. Zum einen bereiteten wir eine Willenserklärung der Erbinnen zum Verkauf des Unternehmens vor, und zum anderen mussten wir sehen, wie wir den Testamentsvollstrecker juristisch wasserdicht aus der ganzen Sache heraushalten konnten. Jeden Morgen fuhr ich nun statt ins Büro in die Kanzlei und ließ mich beraten, zwischendurch immer in telefonischer Abstimmung mit meiner Schwester. Ich mag mir gar nicht ausmalen, was ohne die Rückendeckung dieses Anwalts geschehen wäre. Und wo immer mir die ungezügelte Macht der Testamentsvollstrecker vor Augen tritt, kocht immer noch die Wut in mir hoch.

16. KOMPLIZEN STATT BERATER. DAS FALSCHE SPIEL DER »ALTEN HERREN« VON BOSCH

Bis vor kurzem kannte ich die Robert Bosch Stiftung als eine der größten Industriestiftungen Deutschlands, die das philanthropische und unternehmerische Vermächtnis des berühmten Stuttgarter Patriarchen umsetzt. Doch seit im vergangenen Jahr eine Chronik zum 50. Stiftungsjubiläum erschien, sehe ich die Dinge in einem neuen Licht. Beim Lesen dieser Chronik drängte sich mir der Gedanke auf, dass dieses Stiftungskonstrukt aus der Trickkiste der Testamentsvollstrecker entstammen könnte, die Robert Boschs Vermächtnis hüten sollten. Wollten sie damit die Leitung des Unternehmens durch dessen Sohn und Erben verhindern, um selbst das Zepter in der Hand zu behalten? Beweisen lässt sich das nicht mehr, aber viele Indizien sprechen dafür. Das deuten auch die Autoren der Stiftungschronik an – zwei renommierte Wirtschaftshistoriker. Sie weisen darauf hin, dass dieses Kapitel der Firmengeschichte »der Öffentlichkeit noch nie erzählt wurde«.[24] Sollten diese Vorgänge erst bekannt werden, wenn alle daran Beteiligten gestorben sind? Wollte man sie so lange verschweigen, bis genug Gras darüber gewachsen ist? Möglicherweise, denn der dort beschriebene Weg vom Familien- zum Stiftungsunternehmen liest sich stellenweise wie ein Psychothriller.

Robert Bosch junior, der einzige Sohn des Patriarchen, fühlte sich schon mit elf Jahren verpflichtet, später die Nachfolge seines Vaters anzutreten. Der Senior hatte ihm in einem Brief erklärt, wie wichtig es ihm sei, dass der Sohn sein Unternehmen einmal übernehmen und fortführen würde. Er glaube auch, dass der Junior die Gaben und den Charakter habe, die zu

dieser Aufgabe gehören. Außerdem mahnte er ihn, sich nicht von falschen Beratern beeinflussen zu lassen. Vielmehr solle er den »alten Herren« vertrauen, jenem von ihm ernannten Testamentsvollstrecker-Gremium, in dessen Hände er die Geschicke des Unternehmens im Fall seines Ablebens gelegt hatte.

Der junge Bosch vertraute darauf, dass das Testamentsvollstrecker-Gremium ihn auf seinem Weg als Familiendirektor unterstützen würde.

Robert Bosch hatte verfügt, dass bei entsprechender Eignung die Unternehmensleitung an einen der männlichen Nachkommen übergehen sollte. Zur Wahl standen Robert Bosch junior, sein Sohn aus zweiter Ehe, und Georg Zundel, der Sohn seiner Tochter aus erster Ehe. Die Priorität lag wegen der direkten Abstammung bei Robert junior. Als der Patriarch 1942 starb, wollte der damals 14-Jährige auch gerne in die Fußstapfen seines Vaters treten. Er richtete seine Ausbildung gezielt auf die zukünftige Aufgabe aus und absolvierte eine Feinmechanikerlehre sowie ein Elektrotechnik-Studium. Nach dem Examen sollte er als künftiger Leiter zunächst mehrere Abteilungen der Firma kennenlernen. Der junge Bosch vertraute zutiefst darauf, dass die sieben »alten Herren« des Vollstrecker-Gremiums ihn auf seinem Weg als Familiendirektor tatkräftig unterstützen würden.

Zunächst sah auch alles danach aus. Im Dezember 1954 wurde der Erbe in die Geschäftsführung berufen und zugleich in das Gremium der Testamentsvollstrecker. Doch an dessen Sitzungen ließ man ihn nur als Gast und nur unregelmäßig teilnehmen. So genau wollten sich die alten Herren dann wohl

doch nicht in die Karten blicken lassen. Vielmehr verordneten sie dem Juniorchef ein weiteres Jahr der Einarbeitung und anschließend einen einjährigen »Bildungsaufenthalt« in den USA. Anfang 1956 beriefen sie Bosch junior schließlich zum obersten Entwicklungschef im Unternehmen. In dieser Position setzte er mutig eigene Akzente und brachte sich mit seiner Meinung aktiv in die Unternehmenspolitik ein. Das aber sahen die Testamentsvollstrecker nicht so gerne. Deshalb orderten sie den Erben 1959 zu einer weiteren Erfahrungsrunde in der Fertigung ab. Anschließend schickten sie ihn in eine sanierungsbedürftige Tochterfirma – wohl wissend, dass diese Mission so gut wie aussichtslos war. Und so kam es wie von langer Hand geplant. Der junge Mann, der allseits für seine Intelligenz, seine schnelle Auffassungsgabe und sein scharfes logisches Denken geschätzt wurde, scheiterte an dieser Aufgabe. Er war mit blindem Vertrauen ins offene Messer gelaufen.

VON EIGENNUTZ GELEITET

Während ich diese Zeilen schreibe, wird mir regelrecht übel. Mein Herz rast, und ich ringe um Fassung angesichts der Impertinenz, mit der diese mächtigen alten Herren den fähigen »Thronfolger« gegängelt und gedemütigt haben. Im Sinne des Patriarchen war dieses Verhalten gewiss nicht, vielmehr diente es einzig und allein dem Machtausbau der Testamentsvollstrecker.

Von Eigennutz geleitet war dann auch die Entscheidung, das Familienunternehmen in eine Industriestiftung zu überführen. Anfang der 1960er Jahre machte sich das Testamentsvollstrecker-Gremium zunehmend Gedanken darüber, wie man

nach Beendigung der Testamentsvollstreckung im Jahr 1972 weiter Einfluss auf das Unternehmen nehmen könnte. Würde die Familie Bosch zu diesem Zeitpunkt freie Hand bekommen, wäre die Existenz der Firma schwer gefährdet, argumentierte das Gremium. Schließlich hätte bis jetzt noch kein Abkömmling die Eignung zum Familiendirektor im Sinne des Testaments des Patriarchen bewiesen.

Über Robert Bosch junior hielten die alten Herren ein regelrechtes Scherbengericht.

Er könne seinen Vater keinesfalls ersetzen, er sei ein Fremdkörper im Unternehmen und müsse von einflussreichen Positionen ferngehalten werden. Also beschlossen die Testamentsvollstrecker, ihn irgendwo im Unternehmen zu »parken«. Man vertraute Bosch junior die Gütesicherung an – ein Verlegenheitsressort, das extra für diesen Zweck geschaffen worden war. Diesen Posten bekam er aber nur unter der Bedingung, dass er ausscheiden müsse, wenn er sich nicht einfügen und bewähren sollte. Gleichzeitig trieb das Gremium die Stiftungslösung voran. Man ließ sich diesen Weg von einer Expertenrunde als steuerlich beste Möglichkeit bescheinigen und versuchte, die Bosch-Familie in Einzelgesprächen vom Nutzen und Sinn der künftigen Regelung zu überzeugen – mit dem Druckmittel der drohenden Erbschafts- und Vermögenssteuer. Doch die Familie blieb skeptisch. Robert Bosch junior betonte bei den Gesprächen die große Harmonie zwischen den Familienmitgliedern der jungen Generation. Deshalb sei die einheitliche Führung des Unternehmens durch die Nachfolger nach dem Ende der Testamentsvollstreckung keineswegs gefährdet. Das allerdings

wollten die alten Herren gar nicht gerne hören. Nun mussten sie tatsächlich befürchten, dass ihr Einfluss schwinden würde, je näher das Jahr 1972 rückte. Mit vereinten Kräften gelang es dem Gremium schließlich, jeglichen Widerstand der Familie gegen die Stiftungslösung im Keim zu ersticken. Alle Bestrebungen, den Einfluss der Familie auf das Unternehmen aufrechtzuerhalten, wurden abgeschmettert – immer unter Verweis auf die testamentarischen Verfügungen des alten Robert Bosch. Noch eine knappe Stunde bevor die Stiftungskonstruktion notariell beglaubigt werden sollte, legten Familienmitglieder ihr Veto dagegen ein. Vergeblich: Der Bosch-Konzern wurde 1964 in eine gemeinnützige Vermögensverwaltung umgewandelt, die mit 86 Prozent den Löwenanteil des Stammkapitals hielt. Magere 14 Prozent verblieben bei den Familienmitgliedern. Das Amt der Testamentsvollstrecker war damit eigentlich erloschen – doch das gesamte Gremium wechselte unmittelbar nach der Umwandlung als Gesellschafter in das neue Firmenkonstrukt. Ihr Entscheidungs- und Machtmonopol war damit für viele Jahre gesichert. Die Testamentsvollstrecker blieben die eigentlichen Herren der Firma Bosch.

VERRATEN UND VERKAUFT

Doch mit der gesellschaftsrechtlichen Neuordnung des Unternehmens war der »Krimi« noch nicht zu Ende. Robert Bosch junior beschloss im März 1971, eine eigene gemeinnützige Stiftung zu gründen. Deshalb wollte er aus der Geschäftsführung ausscheiden und in den Aufsichtsrat wechseln. Und wieder bekam er die nahezu diktatorische Macht der alten Herren zu spüren. Sie gewährten ihm den Aufsichtsratssitz nur unter der

Bedingung, dass er von seinen Stiftungsplänen absah. Damit war Bosch junior zum Gesellschafter zweiter Klasse degradiert, mit eingeschränkten Rechten und nur noch beratend tätig. Die Familie hatte jeglichen Einfluss auf das Unternehmensgeschick verloren. Zu diesem Zeitpunkt begann Robert Bosch junior mit 42 Jahren ein Studium der Sozialpsychologie und zog sich mehr und mehr aus dem Unternehmen zurück. Er starb im Jahr 2004.

Bosch junior, so die Autoren der Stiftungschronik, war an dem zentralen Problem des Vermächtnisses seines Vaters gescheitert: Der Patriarch hatte das Dogma des Erhalts als Familienunternehmen aufgestellt, zugleich aber alles nur Erdenkliche getan, um das Unternehmen vor der Familie zu schützen.

Für die Testamentsvollstrecker war das ein willkommener Freibrief für die Auslegung des Testaments entsprechend ihrer eigennützigen Gestaltungsspielräume. Diejenigen, denen der Patriarch vertraut hatte, haben das Wohl der Familie verraten und verkauft. Das passiert immer wieder, wenn Nachlassverwalter als Alleinherrscher schalten und walten können. Und beinahe wäre es unserer Familie auch passiert.

17. DER COUP DER »DREI BLONDINEN«

Und dann war er da, der Tag der Besprechung mit dem Testamentsvollstrecker. Inhaltlich war ich gut vorbereitet. Aber meine Nerven flatterten. Ich war so nervös, dass sich mir der Magen umdrehte. Der Testamentsvollstrecker und sein Kanzleipartner wollten im Vorfeld mehrfach den Termin in ihr Büro verlegen, doch das wollte ich auf keinen Fall. Von meinem Vater hatte ich gelernt, dass man machtvoller auftritt, wenn in den eigenen Räumen verhandelt wird. Also bat ich die Herren in das ehemalige Büro meines Vaters. Das Zimmer hatte ich am Vortag mit Hilfe meiner Mutter in ein stilechtes Frauenbüro verwandelt. Die Familienbilder meines Vaters nahm meine Mutter mit nach Hause, stattdessen kam ein Bild meines Freundes auf den Schreibtisch. Wo vorher ein Aschenbecher stand, zierten nun frische grüne Äpfel in einer Silberschale den Besprechungstisch. Ein großer Blumenstrauß, Kerzen und Raumduft mit Rosenaroma gaben dem Büro eine persönliche Note. Das war nicht mehr das Büro von Christoph Schubert, sondern das von seiner Tochter Kirsten! Obwohl es sich seltsam anfühlte, so kurz nach dem Tod meines Vaters sein »Allerheiligstes« umzukrempeln, hatten meine Mutter und ich Spaß bei der Sache. Auch die Sekretärin konnte sich am nächsten Morgen ein Lächeln über das neue, ungewohnte Ambiente im altvertrauten Chefbüro nicht verkneifen.

Ich hatte den Herren vorab angekündigt, dass auch ein »Freund der Familie« bei unserem Termin anwesend sein würde. Mehrfach versuchte der Testamentsvollstrecker über meine Assistentin herauszufinden, um wen es sich da handeln könnte. Doch er bekam nicht heraus, dass mir ein erfahrener Spezialist

für Steuer- und Erbschaftsrecht zur Seite stehen würde. Als die Herren dann aufeinandertrafen, stellte sich heraus, dass man sich von gemeinsamen Gerichtsterminen her kannte. Die Stimmung war angespannt und der Testamentsvollstrecker indigniert. Ich hatte ihm doch nur einen guten Bekannten angekündigt, und jetzt sah er sich mit einem renommierten Anwalt konfrontiert. Er hatte sich wohl vorgestellt, die drei blonden Erbinnen mit links in die Tasche stecken zu können. Aber er hätte gewarnt sein sollen, denn mein Vater hatte schon früher gesagt: »Unterschätzen Sie meine Tochter nicht!«

Wie mit meinem Anwalt vorher abgestimmt, kam ich zuerst auf die privaten Verfügungen zu sprechen. Ich erklärte, was ich in den vergangenen zehn Tagen bereits mit meiner postmortalen Vollmacht geregelt hatte und wie meine Familie mit den sonstigen Verfügungen umgehen wollte. Erst ganz zum Schluss meines Monologs ließ ich die Herren wissen, dass wir uns alle einig wären, das Unternehmen zeitnah verkaufen zu wollen, und dass wir dafür einen Berater für Unternehmensübernahmen beauftragen würden.

Darauf zeigte sich der Testamentsvollstrecker sichtlich konsterniert. Sein Tonfall war nicht mehr, wie gewohnt, altväterlich, sondern jetzt schon leicht aggressiv. Er setzte zu einer wütenden Gegenrede an, immer darauf verweisend, wie gut das Verhältnis zu meinem Vater doch stets gewesen sei und dass er nur das Beste für uns Frauen wolle. Es fiel ihm sichtlich schwer, die Beherrschung zu wahren. Doch ich hörte gar nicht mehr hin. Unsere Entscheidung war gefallen. Ich ließ unseren Anwalt alles Weitere in Sachen Nachlassabwicklung und Unternehmensverkauf besprechen, der im feinsten Juristenjargon immer nur darauf verwies: »Meine Mandantinnen haben

mich damit beauftragt ... Die Damen sind der einhelligen Meinung ...«

Ich fühlte mich neben ihm völlig sicher. Dieser Anwalt wusste genau, was zu tun ist. Aus eigener familiärer Betroffenheit hatte er sich bereits vor Jahren auf das Thema Erbrecht spezialisiert. Er verstand die Nöte meiner Familie und hatte unser vollstes Vertrauen. Er war hart in der Sache und brillant in der Sprache. Besonders seine Nebensätze hatten es in sich: »... das ist doch wohl klar ... da sind wir uns doch einig ... unter diesen Bedingungen sind wir nur bereit ...«

Als der Testamentsvollstrecker dann noch versuchen wollte, die im Testament geregelte Vergütung für seine Tätigkeit nachzuverhandeln, beendeten wir das Gespräch.

Mit zittrigen Beinen, aber guten Mutes verließ ich mit meinem Anwalt das Büro, um zu meiner Mutter zu fahren. Wenige Meter hinter dem Firmenparkplatz sahen wir zwei wutschnaubende und sich anschreiende Herren mit hochroten Köpfen. Da kam bei mir schon so etwas wie Schadenfreude auf. Die Blondinen hatten ihm wohl tatsächlich ein Schnippchen geschlagen!

Der Testamentsvollstrecker warf mir vor,
den falschen Menschen zu vertrauen.

Nach diesem Termin hat unsere Familie kein Wort mehr mit dem Testamentsvollstrecker gesprochen. Wir haben nur noch über Anwälte miteinander kommuniziert. Besonders unverschämt fand ich, dass er meine Mutter mit Briefen bedrängte, in denen er sich darüber beklagte, dass unser Verhalten völlig unverständlich sei. Als diese Briefe unbeantwortet blieben,

schickte er mir ein äußerst beleidigendes Schreiben, in dem er mir vorwarf, den falschen Menschen zu vertrauen.

Zudem wolle er mir mitteilen, dass mein Vater meine Managementfähigkeiten nie ernst genommen habe und uns alle hinsichtlich des Unternehmens am liebsten entmündigt hätte.

Daraufhin haben wir ihn privat und geschäftlich von allen Ämtern enthoben und umgehend die Steuerkanzlei gewechselt. Unsere Firma musste sogar noch eine Abschlagszahlung leisten, weil wir den Vertrag mit ihm außerhalb der Kündigungsfristen für beendet erklärten. Aber das war uns die Sache wert – lieber ein Ende mit Schrecken als ein Schrecken ohne Ende. Wir alle wollten nie wieder mit diesem Menschen zu tun haben.

18. IM SCHLARAFFENLAND DER TESTAMENTSVOLL-STRECKER. DER FALL AXEL SVEN SPRINGER

Um das gleich klarzustellen: Ich möchte die Zunft der Testamentsvollstrecker keinesfalls unter Generalverdacht stellen. Viele Nachlasshüter erfüllen ihre Aufgabe zügig, verantwortungsbewusst und im Sinne der Familie und würden nicht im Traum daran denken, ihr Amt als »Lizenz zum Gelddrucken« zu missbrauchen. Das eigentliche Problem ist auch weniger die Funktion der Testamentsvollstrecker, sondern vielmehr ihre gigantische Machtfülle. Bis zu dem Moment, als ich selbst mit dieser geballten Macht konfrontiert wurde, hätte ich nie gedacht, dass eine derart unkontrollierte Alleinherrschaft in einem Rechtsstaat wie Deutschland überhaupt möglich ist. Bei meinen Recherchen zum Thema Testamentsvollstreckung sind mir dann auch einige Artikel aufgefallen, die diese Rechtslage heftig kritisieren. »Ein Testamentsvollstrecker bezahlt sich selbst; er lebt angesichts der unbegrenzten Möglichkeiten in einem juristischen Schlaraffenland. Mit Moral plagt sich nur der korrekte Testamentsvollstrecker«, so der Journalist Hans-Kaspar von Schönfels in einem Artikel mit dem vielsagenden Titel »Die Vollstrecker des Eigennutzes«.[25]

> *»Ein Testamentsvollstrecker lebt angesichts der unbegrenzten Möglichkeiten in einem juristischen Schlaraffenland.«*

Die derzeitige Rechtssituation, so von Schönfels, sei kein Ruhmesblatt für unseren Rechtsstaat und sollte rasch korrigiert werden. Auch die Juristin Barbara Gewohn kritisiert die unzureichende gesetzliche Kontrolle der Testamentsvollstrecker. In

einer Hausarbeit weist sie darauf hin, dass das deutsche Rechtssystem wie weltweit kein anderes dem Testamentsvollstrecker eine besonders große und lang andauernde Macht gewährt: »Besonders bemerkenswert ist, dass der Testamentsvollstrecker nach der deutschen Rechtsordnung bei seiner Tätigkeit nicht unter der Aufsicht des Nachlassgerichtes steht, während Vormund, Betreuer, Zwangsverwalter, Konkursverwalter und Nachlasspfleger immer unter der Aufsicht des bestellenden Gerichts stehen. Diese Machtfülle ... hat dazu geführt, dass die Testamentsvollstrecker teilweise als die wahren Erben angesehen werden, denen die Erben passiv gegenüber stehen.«[26]

WENN GRANDDADDY ES SO GEWOLLT HAT ...

»Die wahren Erben«. So titelte Ende 1991 auch ein Artikel im *manager magazin*.[27] Das dazugehörige Foto zeigt einen älteren, jovial lächelnde Herrn, der lässig auf dem Sofa im alten Verlegerbüro von Axel Springer thront. Zu seinen Füßen auf Höhe der frisch polierten italienischen Schuhe steht ein gerahmtes Foto des verstorbenen Verlegers. Bildunterschrift: »Über 60 Millionen Mark sind ihm sicher. Springer-Testamentsvollstrecker Bernhard Servatius besetzt die Suite des Zeitungszaren.«

In seinem Buch *Das neue Testament* beschreibt Axel Sven Springer, der Enkel des Verlegers, wie fassungslos er und andere Familienmitglieder waren, als sie dieses Foto zu Gesicht bekamen. »Mein Großvater zu Füßen dieses Mannes, dazu der unverhohlene Triumph über die Rolle, die ihm die Testamentsvollstreckung zuwies – eine Frechheit!«[28]

In der Tat ist die Geschichte um den Nachlasshüter von Axel Springer ziemlich starker Tobak – ein Paradebeispiel für die ge-

setzlich legitimierte Omnipotenz der Testamentsvollstrecker und die Ohnmacht der Erben.

Der Verleger hatte zu Lebzeiten verfügt, dass seine Ehefrau Friede, der Rechtsanwalt Bernhard Servatius und sein persönlicher Freund Ernst Cramer nach seinem Ableben als Testamentsvollstrecker eingesetzt werden. Das Vermögen sollte zu 50 Prozent an seine Frau und zu je 25 Prozent an seine Enkel aufgeteilt werden. Als Axel Springer im September 1985 nach schwerer Krankheit starb, erklärte Servatius den Erben, der Verleger habe sein Testament kurz vor seinem Tod noch ändern wollen. Die neue Version sei in einem Sechs-Augen-Gespräch mit ihm, Friede Springer und dem Verleger abgesprochen worden, für eine Abfassung in rechtsgültiger Form wäre aber keine Zeit mehr geblieben.

Das neue Testament sah für die Springer-Witwe 70 Prozent, für seine beiden Kinder je zehn Prozent und für die Enkel jeweils nur noch fünf Prozent Vermögensanteil vor. Über diese Testamentsänderung informierte Servatius die Erben bei einem kurzfristig einberufenen Treffen einige Wochen nach Springers Tod. Eigentlich hätte er als Testamentsvollstrecker dafür sorgen müssen, dass die Erben davon im Vorfeld des Termins Kenntnis genommen hätten, um sich entsprechend darauf vorzubereiten. Doch das war nicht geschehen. Axel Sven Springer hatte weder die Gelegenheit, noch sah er einen Anlass, sich vor der Entscheidung über sein Erbe beraten zu lassen. Er willigte widerstandslos in den Verzicht ein.

Der Enkel erklärt in seinem Buch, warum er damals den Eindruck hatte, keine Wahl zu haben: »Schließlich behaupteten Servatius und Friede ja, den tatsächlichen Wunsch meines Granddaddys zu kennen. Und wer war ich, 19-jährig, noch nicht mit

der Schule fertig, dass ich die Arbeit des wichtigsten Juristen im Hause Springer und seines Notars in Frage stellen sollte?«[29]

Offenbar war der junge Springer dieser Situation weder rational noch emotional gewachsen. Er trauerte damals nicht nur um den geliebten Großvater, sondern auch noch um den Vater, der 1980 Selbstmord begangen hatte. Außerdem stand er wohl noch unter dem Schock seiner Entführung, die wenige Monate zuvor glimpflich ausgegangen war. Zudem war Bernhard Servatius nicht nur der Anwalt, sondern fast auch ein Freund der Familie, berichtet Axel Sven Springer: »Zu all diesen Leuten hatte ich volles Vertrauen.«

NACH EIGENEM GUSTO

Erst sieben Jahre später focht er die damalige Neuregelung des Testaments juristisch an, weil er sich im Nachhinein betrogen fühlte. Der Enkel hatte herausgefunden, dass sein Großvater die letzte Verfügung wohl nicht erst auf dem Sterbebett getroffen hatte, sie lag offenbar schon drei Wochen vor dessen Tod auf seinem Nachttisch. Während dieser Zeit war auch ein Notar ins Haus gekommen, um den Ehevertrag mit Axels Frau Friede zu ändern. Warum ließ der Verleger nicht auch das neue Testament beurkunden? Endgültig wird diese Frage nicht mehr zu klären sein. Und letztlich scheiterte Axel Sven Springer mit seiner Klage in der dritten Instanz vor Gericht. Doch er bleibt überzeugt, dass Servatius damals aus purem Machtstreben gehandelt hat. Durch das geänderte Testament war er in die bequeme Situation gelangt, sich als Testamentsvollstrecker nicht mehr mit drei Erben herumschlagen zu müssen, von denen keiner eine absolute Mehrheit besaß. Mit dem neuen Testament

hatte die junge Witwe Friede deutlich mehr Macht erhalten – und damit auch er als ihr engster Berater. Nun konnte der Testamentsvollstrecker, der nach dem Tod des Verlegers auch gleichzeitig zum Aufsichtsratschef gekürt wurde, nach eigenem Gusto schalten und walten.

Servatius bekam für seinen Job als Nachlasshüter jährlich zwei Millionen Mark. Er bezog das Privatbüro des Verlegers und gönnte sich mehrere persönliche Sekretärinnen, Chauffeure und Limousinen. Auch ein Spesenkonto ohne Limit soll es laut *manager magazin* gegeben haben. Außerdem ließ er sich vom Paragrafen 181 BGB befreien, der sogenannte Insichgeschäfte, also Geschäfte mit sich selbst, untersagt.

> »Insichgeschäft: Ein Geschäft, das jemand mit sich selbst als Vertreter zweier verschiedener Personen oder im eigenen Namen und gleichzeitig als Vertreter des Geschäftspartners abschließt.«

Und so konnte er zu seinem eigenen Salär auch noch seine Kanzlei mit Aufträgen versorgen, die sich ganz »zufällig« mit Medien-, Gesellschafts- und Erbrecht beschäftigt.

Die Befreiung von diesem Paragrafen ist übrigens, wie ich heute weiß, eine beliebte Taktik von Steuerberatern und Anwälten, die Nachlässe verwalten. Auch unser Testamentsvollstrecker wollte sich durch diesen Trick eine Kuh schaffen, die er ewig melken kann. Gut, dass wir ihm einen Strich durch diese Rechnung machen konnten.

Bernhard Servatius' Amt als Testamentsvollstrecker endete früher als geplant. Seine Aktivitäten im Konzern waren umstritten, die Führungskräfte wurden mehrfach ausgewechselt, und

das größte europäische Zeitungshaus geriet unter seiner Ägide in heftige Turbulenzen. Einige Erben des Verlegers, darunter auch der Springer-Enkel Axel Sven, warfen dem Testamentsvollstrecker und Aufsichtsratschef vor, er treibe den Verlag in eine Führungs- und Richtungslosigkeit. 1994 äußerten sie ihre Kritik in einem offenen Brief an *Die Zeit*: »Wir, die Kinder und Enkel von Axel Springer, sehen mit wachsendem Entsetzen, wohin das Lebenswerk unseres Vaters und Großvaters treibt …«[30]

Danach beschlossen die Erben gemeinsam mit Friede Springer das Ende der Testamentsvollstreckung. Nach zähen juristischen Auseinandersetzungen wurde die ursprüngliche Dauertestamentsvollstreckung 1985 aufgehoben.

Ironischerweise hat sich Axel Sven Springer mit diesem »Befreiungsschlag« wohl mehr geschadet als genutzt. Seine Klage gegen das neue Testament des Großvaters wurde unter anderem auch deshalb abgewiesen, weil mit dem Ende der Testamentsvollstreckung alle gegenseitigen Ansprüche aus der Vergangenheit erloschen. Dennoch steht der Springer-Enkel zur Richtigkeit seiner Gerichtsanzeige.

»Ich musste und wollte versuchen, Gerechtigkeit zu erhalten.«

»Ich wollte einfach nicht zulassen, dass ein Testamentsvollstrecker den letzten Willen meines Großvaters ungestraft so auslegen konnte, wie es ihm gefiel«, fasst er zusammen. »Ich musste und wollte versuchen, Gerechtigkeit zu erhalten, und bereue auch heute nicht, diesen Weg gegangen zu sein.«[31]

Dieser Gerechtigkeitssinn hat auch mich beim Ringen um das Erbe meines Vaters getrieben. Und ich bin dabei mehr als ein Mal an schmerzhafte Grenzen gestoßen.

19. NACH DEM ETAPPENSIEG GEHT DER HÜRDENLAUF WEITER

Dem Testamentsvollstrecker hatten wir die Rote Karte gezeigt, und ich war froh und durchaus auch stolz, diese schwierige juristische Situation gemeistert zu haben. Doch dies war nur die erste Etappe des Hürdenlaufs, der in weiten Strecken noch vor mir lag. Bis zum Ablauf der Vier-Wochen-Frist gab es noch alle Hände voll zu tun.

Mein Vater hatte die Holding unseres Unternehmens vor einigen Jahren in die Schweiz verlegt. Nicht etwa aus steuerlichen Gründen, sondern weil er das deutsche Betriebsverfassungsgesetz und die damit verbundene Macht des Betriebsrates nicht akzeptieren wollte.

Mein Vater konnte sich mit diesem Schritt viel Ärger und Aufwand vom Hals halten. Mir allerdings bescherte die Schweizer Holding einige unvorhergesehene Probleme und reichlich Papierkram.

Zunächst mussten wir alle unterzeichneten Absichtserklärungen zum Unternehmensverkauf noch einmal in der Schweiz beurkunden lassen. Dazu benötigten wir einige Unterlagen aus der Firma. Das hieß aber gleichzeitig, dass ich den kaufmännischen Geschäftsführer entgegen meinen Plänen schon jetzt in das Thema Unternehmensverkauf einweihen musste. Für mich war das ein sehr beklemmendes Gefühl: Vor gut zwei Wochen hatte ich ihm die Nachricht vom Tod meines Vaters überbringen müssen, und nun musste ich ihm eingestehen, dass die Familie das Unternehmen nicht halten werde. Überdies musste ich ihn bitten, mir beim Unternehmensverkauf behilflich zu sein. Zum Glück nahm er diese Hiobsbotschaft sehr gefasst auf

und sicherte mir seine Unterstützung zu. Außerdem vereinbarten wir, seinen Arbeitsvertrag um eine neue Zielvereinbarung in dieser Sache, eine sogenannte »Success Fee«, also einen Erfolgsbonus, zu ergänzen

Gut, dass ich diesen erfahrenen Kaufmann mit im Boot hatte. Er machte mich darauf aufmerksam, dass wir noch einen Verwaltungsrat mit Schweizer Nationalität in der Züricher Holding hätten, der dem Verkauf aus formellen Gründen ebenfalls zustimmen müsste. Angesichts dessen einprozentigen Stimmrechtsanteils wäre das kein Problem gewesen, allerdings konnten wir ihn tagelang nicht erreichen. Nun arbeitete die Zeit gegen mich. Sollte unser ganzes Vorhaben nun an einem einzigen Mann scheitern? Nach drei Tagen, die sich für mich wie drei Wochen anfühlten, meldete sich der Verwaltungsrat via Mobiltelefon aus seinem mehrwöchigen Südamerika-Urlaub. Eine kurzfristige Rückreise war ihm nicht möglich. Was also tun? Uns blieb nur eine Möglichkeit: Wir Erbinnen beriefen ihn in einer außerordentlichen Gesellschafterversammlung ab und mussten quasi von jetzt auf gleich einen neuen Schweizer Verwaltungsrat für die Holding finden. Glücklicherweise kannte die uns beratende Anwaltskanzlei eine vertrauenswürdige Steuerkanzlei in Zürich, die uns in dieser Sache weiterhelfen konnte.

Gut, dass ich unseren kaufmännischen
Geschäftsführer mit im Boot hatte.

Doch damit war die Kuh noch lange nicht vom Eis. Eigentlich hätte ich sofort nach Zürich fliegen können, um all diese Formalitäten in trockene Tücher zu bringen. Nur gab es da ein Pro-

blem: Ich hatte meine postmortale Vollmacht nicht parat. Statt einer beglaubigten Kopie hatte ich im Eifer des Gefechts dummerweise das Originaldokument bei unserem Hausnotar hinterlegt. Dieses Schriftstück ging nun auf dem Postweg an mich zurück. Es dauerte einige Tage, bis ich die Vollmacht wieder in der Hand hatte. Ob das nun wirklich an der Post lag oder jemand mich bewusst ausbremsen wollte, vermag ich nicht zu sagen.

Einen Tag vor der Abreise nach Zürich musste nochmals ein Dokument notariell beglaubigt werden. Leichter gesagt als getan – diesmal war der Hausnotar, der alle Vorgänge kannte, nicht greifbar. Urlaub! Wieder half mir unsere Anwaltskanzlei aus der Patsche und fand einen Notar, der das Dokument kurzfristig und unbürokratisch beglaubigte.

Inzwischen war ich selbst zum Engpass geworden. Ich war mit meinen Kräften fast am Limit, hatte kaum etwas gegessen und drohte umzukippen, als der Anwalt mich abholen wollte. Kurzerhand schickte er mich aufs Sofa und machte mir eine Suppe warm. Als wir beim Ersatznotar ankamen, wurde ich gleich mit Coca-Cola und Traubenzucker versorgt. Scheint wohl öfters vorzukommen, dass völlig erschöpfte Mandanten aufgepäppelt werden müssen.

Am nächsten Tag, dem letzten der Vier-Wochen-Frist, nahmen unser Anwalt und ich den ersten Flug nach Zürich. In der Nacht davor hatte ich kein Auge zugemacht. Ich war alle einzelnen Schritte noch einmal durchgegangen und hatte nur einen Gedanken im Kopf: Hoffentlich mache ich nichts falsch!

Dann nämlich wäre alles zu spät gewesen, und der Testamentsvollstrecker hätte seines Amtes walten können.

Wider Erwarten lief in der Schweiz alles glatt. Zu Mittag hatten wir alles verbrieft. Immer noch etwas schlapp, aber auch er-

leichtert, liefen wir durch die Züricher Bahnhofstraße, als mein Mobiltelefon klingelte. Unser kaufmännischer Geschäftsführer erzählte mir von einem Anruf des Kanzleipartners unseres Testamentsvollstreckers. Dieser Mann dachte wohl, er könnte uns hinterrücks noch eins auswischen, und berichtete unserem Mitarbeiter unerlaubterweise von dem bevorstehenden Unternehmensverkauf, verbunden mit dem Rat, sich rechtzeitig nach einem neuen Job umzusehen.

Wieder einmal war ich froh, unseren kaufmännischen Geschäftsführer frühzeitig eingebunden zu haben. So konnte er dem Anrufer kühl mitteilen, dass er längst informiert sei, und mit knappem Gruß auflegen.

Vier Wochen hatten mich ausschließlich die Inhalte des Testaments auf Trab gehalten. Nun war es höchste Zeit, sich wieder um das Unternehmen zu kümmern. Und so stieg ich einen Tag nach der Rückreise aus der Schweiz in ein Flugzeug nach München, um mit unseren Top-Kunden die Eröffnung des Oktoberfests zu feiern. Eines lernt man in Unternehmerfamilien: Auch in Krisenzeiten gilt es, Flagge zu zeigen.

20. »CHARAKTER IST DAS WICHTIGSTE.« DAS HEIKLE AMT DES TESTAMENTSVOLLSTRECKERS UND DER FALL *WAZ*

Anfangs glaubte ich, es wäre meiner selektiven Wahrnehmung geschuldet: Immer häufiger fielen mir in den Jahren nach dem Tod meines Vaters Schlagzeilen über spektakuläre Erbstreitigkeiten auf.

Springer, Tönnies, Fresenius, Suhrkamp, Jägermeister – um nur einige Namen zu nennen. Auffällig war auch, dass in vielen dieser Familienfehden Testamentsvollstrecker eine oft eher unrühmliche Rolle spielten. Offenbar ist die Häufung solcher Streitfälle aber nicht bloß mein subjektiver Eindruck, sondern eine faktisch belegbare Entwicklung.

Eine Untersuchung der Postbank hat ergeben, dass mittlerweile ein Viertel aller Erbfälle zu Streitigkeiten führt – Tendenz steigend.[32]

> *Ein Viertel aller Erbfälle führt zu Streitigkeiten – Tendenz steigend.*

Denn bald würde jede fünfte Erbschaft mehr als 100 000 Euro betragen, so die Studie weiter. Und bei derart hohen Summen sei Streit programmiert. Hinzu käme die wachsende Zahl von Zweit- und Drittehen, nichtehelichen Lebensgemeinschaften und Patchworkfamilien, in denen leibliche und nichtleibliche Kinder zusammen leben – und miteinander streiten.

Bei solchen komplexen Familienkonstellationen und hohen Vermögen empfehlen Erbrechtsexperten, zur Vermeidung von Streitigkeiten einen neutralen Dritten mit der Ausführung des

letzten Willens zu beauftragen – nicht nur, aber besonders für Unternehmerfamilien. Klingt alles sinnvoll, ist aber eine hochbrisante Angelegenheit. Sicher bin ich nicht die Einzige, die sich fragt, wie eine Testamentsvollstreckung gelingen kann, ohne dass sich die Erben gegängelt oder gar um ihren Anteil betrogen fühlen. Die Antwort der Fachwelt lautet klipp und klar: Der Erfolg der Testamentsvollstreckung steht und fällt mit der beauftragten Person.

Aber auch das ist leichter gesagt als getan, denn eine Berufsordnung für Testamentsvollstrecker gibt es nicht. Das Amt kann also jedem übertragen werden.

Der Erfolg der Testamentsvollstreckung steht und fällt mit der beauftragten Person.

Anfangs wollte ich gar nicht glauben, dass es in einem so durchregulierten Land wie Deutschland solche nahezu rechtsfreien Räume gibt. Bei meinen Recherchen zur Geschichte der Testamentsvollstreckung bin ich dann auf einige höchst merkwürdige Entwicklungen aufmerksam geworden. Die historischen Ursprünge der Testamentsvollstreckung gehen auf germanisches und römisches Recht zurück. Schon damals waren mit diesem Amt Regelungen verbunden, die verhindern sollten, dass die letztwillige Verfügung des Erblassers von den Erben missachtet wird. So verhält es sich grundsätzlich bis heute. Interessant ist allerdings, dass bis in die 1990er Jahre in Deutschland rechtlich eindeutig geregelt war, wer das Amt des Testamentsvollstreckers annehmen durfte: Das war nur Rechtsanwälten gestattet. Im Jahr 2001 bröckelte dieses Monopol. Erstmals erlaubte die Gesetzeslage auch Kreditinstituten die Übernahme

des Testamentsvollstreckeramts. Drei Jahre später entschied der Bundesgerichtshof, dass neben Banken auch Steuerberater für ihre Dienste als Testamentsvollstrecker werben dürfen. Und im Juli 2008 trat ein Gesetz in Kraft, das die geschäftsmäßige Testamentsvollstreckung erlaubt und von jeglicher Restriktion befreit.

Von nun an konnte jedermann dieses Amt übernehmen, ganz gleich, welche Ausbildung, Erfahrung oder Versicherung diese Person hat. Die Arbeitsgemeinschaft Testamentsvollstreckung und Vermögenssorge (AGT) kommentiert diese Rechtsprechung auf ihrer Website folgendermaßen: »Der Gesetzgeber will es dem freien Spiel der Kräfte überlassen, welcher Testamentsvollstrecker sich auf dem Markt durchsetzt. Grundsätzlich ist diese Idee sicher begrüßenswert und entspricht dem allgemeinen gesellschaftlichen Verständnis. Bei der Testamentsvollstreckung versagt sie jedoch. Der Markt schafft keine Moral und keine Werte ... Der Erblasser will aber gerade konkrete Moral- und Wertvorstellungen durchsetzen, wenn er eine Testamentsvollstreckung anordnet. Und er hat, so bitter es auch klingt, keine zweite Chance, wenn sein Testamentsvollstrecker versagt.«[33]

GESUNDES MISSTRAUEN BEUGT VOR

Klare Worte! Und auch Experten weisen immer wieder darauf hin, dass Vorsicht geboten ist, wenn der Vollstrecker sich selbst für diese Aufgabe andient. Das kann ich aus eigener Erfahrung bestätigen, denn auch unser Steuerberater hat sich selbst für diesen Posten empfohlen. Er kenne die Familie und das Unternehmen ja sehr gut und würde als Treuhänder natürlich zum

Wohl aller Beteiligten handeln. Mit diesem Argument hat er meinen Vater für sich gewonnen.

So oder ähnlich läuft die »sorgfältige« Auswahl des Testamentsvollstreckers vermutlich in vielen Fällen ab: Zwei ältere Herren, die sich geschäftlich länger kennen, sitzen bei einem informellen Plausch mit einem Glas Rotwein und einer guten Zigarre zusammen. »Stellen Sie sich nur vor, was alles passieren kann, wenn Sie einmal nicht mehr da sind«, raunt der Steuerberater bedeutungsschwer und zählt alle möglichen postmortalen Dramen auf: Die Frau macht sich mit einem Liebhaber aus dem Staub. Die Tochter hängt den Job an den Nagel und verjubelt das Erbe. Der Sohn fährt die Firma des Gründers leichtfertig an die Wand. »Als Testamentsvollstrecker kann ich das alles verhindern«, dient sich der Steuerberater vertrauensvoll an. Und der Unternehmer nimmt selbstverständlich dankend an.

Juristen raten Unternehmern ausdrücklich davon ab, lediglich den Steuerberater oder Rechtsanwalt als Vollstrecker einzusetzen.

Den Rechts- und Steuerkundigen, so die Begründung, fehlt oft das betriebswirtschaftliche Wissen, das für den Verkauf oder die Fortführung eines Unternehmens nötig ist. Für diese Aufgaben ist ein erfahrener Manager die bessere Wahl, der allerdings nicht im operativen Geschäft, sondern in Aufsichts- oder Beratergremien tätig sein sollte. Bei größeren Vermögen sollten immer mehrere Personen mit diesem Amt betraut werden. Empfohlen wird auch, die Testamentsvollstrecker-Frage im Familienkreis zu besprechen. Von zentraler Bedeutung ist in jedem Fall, dass der Vollstrecker nicht alle Macht auf sich konzentriert und gewissen Kontrollmechanismen unterliegt.[34]

All dies war bei unserem Testamentsvollstrecker nicht der Fall. Und ich rate jedem Erblasser und Erben, den Treuhändern des letzten Willens mit einer Portion gesundem Misstrauen zu begegnen.

EIN WAHRES BRAVOURSTÜCK

Im April 2013 besuchte ich eine Abendveranstaltung der CDU in Kronberg. Zu dem kleinen Kreis der geladenen Gäste gehörte auch ein Geschäftsführer der *Westfälschen Allgemeine Zeitung (WAZ)*. Wir kamen in der Pause ins Gespräch, und ich erzählte ihm von meinem Buchprojekt über die Nachfolge- und Erbproblematik von Unternehmerfamilien. »Da hätte ich etwas für Sie«, sagte er und gab mir die Telefonnummer von Dr. Peter Heinemann.

Der Jurist aus Essen, Sohn des ehemaligen Bundespräsidenten Gustav Heinemann, war Notar und Berater des *WAZ*-Mitgründers Erich Brost. Später arbeitete Heinemann auch als Testamentsvollstrecker der Verlegerfamilie. In dieser Funktion gelang ihm ein wahres Bravourstück, von dem gleich die Rede sein wird.

Ich besuchte den damals 76-Jährigen Anfang 2014 in seinem Haus im Essener Stadtteil Heisingen. Heinemann hatte mich eingeladen, um mit mir über Testamentsvollstreckung im Allgemeinen und den Fall *WAZ* im Besonderen zu reden. Der drahtige ältere Herr beeindruckte mich vom ersten Moment an. Er war sehr konzentriert bei der Sache, wählte seine Worte wohlüberlegt und stellte die Sachlage in den Vordergrund, nicht seine Person. Dabei hätte er allen Grund gehabt, mit Stolz von seiner Arbeit zu berichten. Denn nicht viele Testaments-

vollstreckungen verlaufen so vorbildlich wie die Abwicklung des *WAZ*-Erbes.

Dabei war die Ausgangslage höchst kompliziert und konfliktträchtig. Kurz nach dem Zweiten Weltkrieg hatte der Journalist Erich Brost einen Zeitungsverlag gegründet und Jakob Funke mit ins Boot geholt, den vormaligen Lokalchef der *Neuen Ruhr Zeitung*. Funke agierte als Herausgeber und Verlagsleiter, Brost übernahm die Position des Chefredakteurs. Beide hielten einen Anteil von je 50 Prozent an der Unternehmensgruppe. Von Anfang an gab es Unstimmigkeiten zwischen dem SPD-Mann Brost und dem konservativen Funke, doch der Erfolg ihres Verlags schmiedete sie über Jahre zusammen.

Nicht viele Testamentsvollstreckungen verlaufen so vorbildlich wie die Abwicklung des WAZ-Erbes.

Als Jakob Funke 1975 verstarb, erbten seine vier Töchter den Unternehmensanteil des Funke-Stamms.

Erich Brost starb 20 Jahre später im Alter von 92 Jahren. Seine Unternehmensanteile vermachte er zu 60 Prozent seiner zweiten Frau Anneliese und zu 40 Prozent seinem »Ersatzsohn« Erich Schumann, mit der Maßgabe, diese Geschäftsanteile innerhalb des Brost-Stammes an die Enkelkinder zu vererben.

Mit dem rechtmäßigen Erben, seinem Sohn Martin, hatte sich Erich Brost schon Jahre zuvor unversöhnlich überworfen. Der Grund: Sein potenzieller Nachfolger entwickelte sich völlig anders, als es sich der Vater gewünscht hatte. Zunächst studierte er Philosophie und versuchte sich dann als Öko-Gärtner. Religiös stand er eher dem Buddhismus nahe. Als der Sohn nach einem längeren Indienaufenthalt mit gewissen »sektiererischen

Zügen« zurückkam, enterbte ihn Brost, erteilte ihm Hausverbot im Verlag und verweigerte ihm selbst noch am Sterbebett den Besuch.

Der verstoßene Martin Brost verwendete seinerzeit den Pflichtteil seines Erbes – stattliche 200 Millionen Mark –, um sich in München als Sozialunternehmer, Investor und später als Biobauer selbständig zu machen.

»Zwischen Vater und Sohn herrschte der totale Krieg«, so beschrieb mir Heinemann das Verhältnis zwischen Brost senior und Brost junior. »Und wenn der rechtmäßige Erbe verbannt wird, sind die Folgen erfahrungsgemäß schwer kontrollierbar.«

Das sollte sich auch beim Brost-Erbe bewahrheiten.

DROHENDE ERBENFEHDE

Brenzlig wurde die Lage nach dem Tod des »Ersatzerben« Erich Schumann im Jahr 2007. Nun drohte die streng paritätisch besetzte Geschäftsführung außer Balance zu geraten. Wer sollte nun die Interessen der Brost-Gesellschafter vertreten? Zwar hatte Heinemann schon einige Jahre vorher den erfahrenen SPD-Mann Bodo Hombach ins Verlagsmanagement geholt. Doch der war als familienfremder Angestellter des Unternehmens in der Erbfolge nicht vorgesehen. Auch die Enkelkinder von Erich Brost, die Kinder seines Sohnes Martin, kamen nicht in Frage, sie waren noch nicht im geschäftsfähigen Alter.

Peter Heinemann, Testamentsvollstrecker von Schumann, ahnte zu Recht, dass eine jahrelange Erbenfehde zwischen den beiden verfeindeten Familienstämmen drohte. Deshalb waren für ihn Besonnenheit und Weitsicht das Gebot der Stunde.

Der Testamentsvollstrecker spielte einige Szenarien gedanklich durch und erkannte einen möglichen Stolperstein. Da Erich Brost in zweiter Ehe verheiratet war, würden die Enkel möglicherweise nicht als leibliche Nachfahren der Brost-Witwe anerkannt. Die Statuten des Gesellschaftsvertrags sahen aber vor, dass nur leibliche Abkömmlinge Unternehmensanteile erben dürfen. Zunächst musste Heinemann also sicherstellen, dass die drei im Testament bedachten Enkel tatsächlich als »leibliche« Abkömmlinge des Brost-Stamms galten. Das gelang ihm, als er Anneliese Brost überzeugen konnte, den ungeliebten Stiefsohn Martin zu adoptieren. Lieber schluckte sie wohl diese »Kröte«, als der noch mehr verhassten Funke-Familie die Machtübernahme im Unternehmen zu erleichtern.

Doch kaum ein Jahr nach dem Tod der Brost-Witwe im Jahr 2010 trat plötzlich jene Situation ein, die vorher undenkbar schien. Die Kinder von Martin Brost hatten kein Interesse an den Geschäftsanteilen des Großvaters. Und Petra Grotkamp, eine Funke-Tochter, deutete gleichzeitig ihre Bereitschaft an, die Anteile der Brost-Erben für 470 Millionen Euro zu übernehmen. Martin Brost brachte sich in dieser Situation in Stellung und führte mit Grotkamp geheime Verhandlungen.

Als das Kaufangebot spruchreif wurde, kam das für Peter Heinemann völlig überraschend. Das dürfte ärgerlich genug für ihn gewesen sein. Doch noch unerfreulicher als dieser Vertrauensbruch war die Tatsache, dass er sich nun in einem Dilemma befand. Einerseits sollte er im Sinne des Erblassers handeln und die paritätischen Eigentumsverhältnisse bewahren. Andererseits hatte dieser auch verfügt, dass seine Enkel bis zum Jahre 2015 unter der Obhut des Testamentsvollstreckers Heinemann stehen sollten. Würde er dem Verkauf nicht zu-

stimmen, müsste er entgegen den Interessen seiner »Mündel« aber im Sinne des Erblassers handeln.

Nach sorgfältigem Abwägen fühlte sich Heinemann schließlich seinen Schutzbefohlenen stärker verpflichtet als dem Vermächtnis des Verlegers und stimmte dem Verkauf zu. Möglich war dieser Schritt auch deshalb, weil die beiden alten Brosts so felsenfest von der innigen Familienfeindschaft und dem damit nicht in Frage kommenden Verkauf an die »andere Seite« überzeugt waren, dass sie schlicht vergessen hatten, das Verkaufsverbot an die Funkes testamentarisch festzuschreiben. Am Ende sah Heinemann also souverän darüber hinweg, dass Martin Brost ihn hintergangen hatte. Außerdem setzte er sich vehement dafür ein, dass die Anteilsübernahme in jeder Hinsicht sauber und ohne Nachteile für die Brost-Enkel über die Bühne ging.

MEIN UND DEIN UNTERSCHEIDEN KÖNNEN

Peter Heinemann ist dafür bekannt, dass er sich von niemandem einschüchtern lässt und das Für und Wider jeder Entscheidung mit höchster Akribie austariert. Bevor der Deal mit den Brost-Anteilen unterschriftsreif wurde, holte sich der Testamentsvollstrecker ein sehr detailliertes Wertgutachten ein, das ihm belegen sollte, ob das Angebot der Funke-Erbin marktkonform war. Keinesfalls wollte er sich eines Tages vorwerfen lassen, den Anteil seiner Schützlinge unter Wert verkauft zu haben. Außerdem weigerte sich Heinemann, die vom Funke-Stamm geplante Ratenzahlung zu akzeptieren. Und er gab sein Plazet für den Verkauf nur unter der Bedingung, dass die Funke-Erbin für den Weiterverkauf der Brost-Anteile eine Sperrfrist

akzeptierte. Nachdem das Geschäft in seinem Sinn abgeschlossen war, legte er sein Amt als Testamentsvollstrecker nieder – vier Jahre vor dem offiziellen Ende.

Heinemann schloss den Erbfall Brost für sich als moralischer Sieger ab: Er wollte im Sinne des Erblassers das Beste für das Unternehmen tun und erlaubte die Beendigung des bisherigen Einigungszwangs.

Heinemann schloss den Erbfall Brost für sich als moralischer Sieger ab.

Das bedeutete zwar das Ende der Parität zwischen den beiden Gründerfamilien, aber auch die Auflösung der ewig währenden Blockaden und die Befreiung des Unternehmens aus den Zwängen der Vergangenheit.

»Ich hätte den Verkauf ohnehin nur für die Dauer der Testamentsvollstreckung, also bis Juli 2015, aufhalten können«, erklärte er mir. »Da war die Auflösung der Pattsituation für alle Beteiligten sinnvoller als weitere drei Jahre im Schwebezustand.« Weitblick, Unbestechlichkeit, Mut, menschliche Größe und große Gewissenhaftigkeit – das sind zweifellos die Eigenschaften, die einen guten Testamentsvollstrecker auszeichnen.

Ich fragte Peter Heinemann, auf was man bei der Auswahl des Testamentsvollstreckers achten sollte. »Er bekommt immense Macht, deshalb ist Charakter das Wichtigste«, antwortete er. Und nach einer kurzen Denkpause: »Genauso wichtig ist, dass er zwischen Mein und Dein deutlich unterscheiden kann.« Diese Worte klingen bei mir bis heute nach. Beschreiben sie doch kurz und bündig, woran es der Testamentsvollstrecker meines Vaters auf ganzer Linie vermissen ließ.

IV.

STILLSTAND IST RÜCKSCHRITT

21. UNTERWEGS IN GEHEIMER MISSION

Mit meinem Besuch in Zürich war der erste Schritt in Richtung Unternehmensverkauf getan. Zeit zum Durchatmen blieb mir aber nicht. Denn die Erfüllung des Testamentes bestand in der Veräußerung des Unternehmens. Und dieses Vorhaben musste jetzt unverzüglich und nachweislich angeschoben werden. Andernfalls hätte der Testamentsvollstrecker das Ruder wieder übernehmen dürfen.

Laut § 2203 BGB stand er ja nach wie vor in der Pflicht zu kontrollieren, ob der Wille des Erblassers zur Ausführung gebracht wird. Wenigstens blieb uns bis zum Abschluss des Unternehmensverkaufs ein angemessener Zeitraum von bis zu eineinhalb Jahren.

Nie zuvor hatte ich einen solchen Verkaufsprozess begleitet. Und hätte ich zu dem damaligen Zeitpunkt gewusst, wie fordernd und schmerzhaft dieser Prozess ist, hätte ich möglicherweise einen Rückzieher gemacht. Welcher Familienunternehmer macht schon gerne seine eigene Firma zu Geld!

Auch das Lebenswerk meines Vaters hatte für unsere Familie ja nicht einfach nur einen ökonomischen Wert, sondern auch einen symbolischen. In der Firma steckte seine ganze Energie, Leidenschaft und Hingabe. Hätte er sein Unternehmen zu Lebzeiten verkaufen müssen, wäre er daran sicher zugrunde gegangen. Er betonte auch immer wieder, dass er seine Firma niemals verkaufen würde. Diese Bürde hat er testamentarisch dann doch lieber in erster Linie auf mich und flankierend auf die Familie abgewälzt. Wahrscheinlich war ihm das nicht wirklich bewusst, aber ich empfand und empfinde das immer noch als sehr unfair uns gegenüber.

Für solche »Empfindlichkeiten« hatte ich seinerzeit aber weder den Kopf noch die Zeit. Vielmehr konzentrierte ich mich automatisch darauf, rational und systematisch zu handeln. Zunächst entschieden wir in der Familie, dass die Kanzlei, die uns durch die ersten vier Wochen begleitet hatte, auch für den Verkaufsprozess mit im Boot bleiben sollte.

Dann arbeiteten wir die einzelnen Aufgaben Schritt für Schritt ab. In den nächsten Wochen führte mich ein Team von Fachanwälten durch den juristischen und steuerlichen Dschungel der finanziellen Unternehmensbewertung.

Auf Anraten der Anwälte analysierten wir erst einmal selbst, was unser Unternehmen wert war. Dieses Verfahren heißt »Vendor Due Diligence« und führt sämtliche positiven und negativen Aspekte des Unternehmens sowie potenzielle Risiken auf. Damit hatte ich transparente Fakten in der Hand, die beim späteren Unternehmensverkauf vor bösen Überraschungen schützen würden.

Der Vendor-Due-Diligence-Bericht schützt den
Verkäufer vor bösen Überraschungen.

So nützlich und sinnvoll diese Maßnahme auch war – sie stellte uns vor große Herausforderungen. Die Schwierigkeit bestand vor allem darin, alle benötigten Informationen so zu beschaffen, dass niemand im Unternehmen irgendetwas vom Verkauf ahnen würde. Es galt, Daten über Mitarbeiter, Kunden und Lieferanten zusammenzusuchen, ebenso Verträge mit Versicherungen und Mietobjekten. In einem Unternehmen unserer Größenordnung mit fast 5000 Mitarbeitern sind diese Unterlagen in unterschiedlicher Form abgelegt, in verschiedensten

Fachabteilungen und zum Teil auch in diversen IT-Systemen. Damit kein Mitarbeiter Wind vom Unternehmensverkauf bekommen sollte, tarnten wir das Projekt »Unternehmensverkauf« mit dem Codenamen »Amadeus« – in Anlehnung an meine ehemalige Geschäftstätigkeit in Österreich.

Wir tarnten das Projekt »Unternehmensverkauf« mit dem Codenamen »Amadeus«.

Mit wechselnden Vorwänden forderten der kaufmännische Geschäftsführer und ich die benötigten Daten und Unterlagen bei den zuständigen Abteilungen an. Oft begründeten wir unsere Anfragen damit, dass der Steuerprüfer und das Nachlassgericht diese Informationen verlangten. Ob die Mitarbeiter uns glaubten, kann ich nicht mit Gewissheit sagen. Aber es gab nur wenig Widerstand oder Rückfragen.

Abend für Abend luden wir das Datenmaterial auf USB-Sticks und brachten sie persönlich zu unseren Beratern.

Übers Netz wollten wir diese sensiblen Daten auf keinen Fall verschicken. Das hätte unsere Geheimhaltung rasch zunichtemachen können. Außerdem war die Datenmenge oft zu umfangreich. Man stelle sich etwa eine Excel-Datei mit Daten von 4000 gewerblichen Mitarbeitern vor, inklusive Angaben zu Lohn, Alter, Familienstand, Religion und Firmenzugehörigkeit.

Bei einer dieser »Datentransfer-Fahrten« meinte der kaufmännische Geschäftsführer zu mir: »Wenn Ihr Vater wüsste, dass ich auf diesem Stick nahezu alle Firmendaten in der Weltgeschichte herumkutschiere, würde er sich im Grab umdrehen.«

Mein Vater hatte immer große Angst vor dem Datenklau durch Wettbewerber gehabt, insbesondere vor dem Diebstahl seiner als »top secret« gehüteten Kunden- und Ertragsdaten. Und nun bereiteten wir für ebendiese Wettbewerber alles vor, damit sie als Kaufinteressenten bis ins tiefste Innere unseres Unternehmens blicken konnten. Das fühlte sich für mich schon ein bisschen wie Hochverrat an, aber da musste ich durch.

KONSPIRATIVE TREFFEN

Den Mailverkehr mit unseren externen Beratern wickelten wir über einen privaten Account von einem neu gekauften Computer ab, damit unsere IT-Abteilung nichts davon mitbekommen konnte. Ausdrucke auf Papier wanderten sofort in den Aktenvernichter. Mit diesen Aktionen waren wir wochenlang beschäftigt. Stück für Stück puzzelten wir das ökonomische Abbild unseres Unternehmens zusammen.

Mit Hilfe von juristischen Experten konnten Lücken geschlossen werden, die sonst in der späteren Verkaufsverhandlung zu Preisminderungen geführt hätten. Doch der ganze Aufwand hatte auch positive Seiten. Ich fühlte mich jeden Tag sicherer und selbstbewusster und wusste immer zuverlässiger, wo die Stärken und Schwächen des Unternehmens lagen.

Stück für Stück puzzelten wir das ökonomische Abbild unseres Unternehmens zusammen.

Die Struktur unseres Unternehmens war nicht ganz unkompliziert. Die Firma bestand wegen ihres Wachstums aus einer Vielzahl von Untergesellschaften unter dem Dach einer Hol-

ding. In all diesen Firmentöchtern fungierte mein Vater als Alleingesellschafter. Bei Gesellschaftsversammlungen hat er ganz alleine mit sich selbst konferiert, deshalb waren die Dokumente über verschiedene Ablagen verteilt. Und so kam es, dass ich tagelang damit beschäftigt war, diese Papiere zusammenzusuchen und zu sortieren. Vom vielen Aktenordnen hatte ich ständig Trauerränder unter den Fingernägeln. Was tut man nicht alles für das eigene Unternehmen, wenn es um dessen reibungslosen Verkauf geht …

Das Jahr neigte sich langsam dem Ende zu. Doch von vorweihnachtlicher Besinnung konnte keine Rede sein. Ich arbeitete Tag und Nacht. Mein privates Umfeld verstand diesen »Übereifer« überhaupt nicht. War ich doch jetzt die »Chefin« und konnte doch eigentlich tun und vor allem auch lassen, was ich wollte. Meinen Freundeskreis hatte ich ebenfalls nicht in meine Verkaufsabsichten eingeweiht. So schnell wie die Nachricht vom Tod meines Vaters sollte sich die Bekanntgabe des Firmenverkaufs auf keinen Fall verbreiten.

So schnell wie die Nachricht vom Tod meines Vaters sollte sich die Bekanntgabe des Firmenverkaufs auf keinen Fall verbreiten.

Deshalb begründete ich meine zahllosen Überstunden mit den vielen erbrechtlichen Fragen rund um den Nachlass. Wann immer eine wichtige Entscheidung zum Unternehmensverkauf anstand, trafen wir uns konspirativ im Haus meiner Mutter. Nicht einmal die Geschwister meiner Eltern waren eingeweiht.

Auszeiten gab es damals kaum für mich. Wenn ich am Wochenende halbwegs zur Ruhe gekommen war, fielen mir plötzlich noch tausend Dinge ein, die ich möglicherweise vergessen

hatte, die nun aber leider bis Montag warten mussten. An vieles, was in dieser Zeit außerhalb des Firmengeschehens passierte, erinnere ich mich heute gar nicht mehr. Für die Pflege meiner Freundschaften nahm ich mir keine Zeit. Ich lebte ausschließlich dafür, den letzten Willen meines Vaters zu erfüllen – den Verkauf seines Unternehmens.

Mit dem Jahresende nahte auch die erste Weihnachtsfeier ohne den Seniorchef: 250 Gäste erwarteten einen Rückblick auf das letzte Jahr und einen Ausblick auf die kommenden Geschäftsaktivitäten. Inhaltlich war ich gut vorbereitet, da ich diese Rede in den vergangenen Jahren ohnehin immer gehalten hatte. Doch was sollte ich diesmal zur Zukunft des Unternehmens sagen? Mit der Wahrheit musste ich hinterm Berg halten. Noch lagen viele Monate der Verhandlungen mit potenziellen Käufern vor uns. Ich konnte also keinesfalls riskieren, dass unsere Mitarbeiter das Unternehmen zuvor scharenweise verlassen würden. Ich entschied mich für die Formulierung »Wir *sind* ein Familienunternehmen« statt »Wir *bleiben* ein Familienunternehmen«. Mit dieser Formulierung konnte ich die Wahrheit recht gut kaschieren. Lediglich ein Mitarbeiter, der dann auch intensiv den Verkauf begleitete, sprach mich später darauf an. Die anderen hörten nur das, was sie hören wollten. Meine Schwester und meine Mutter, die sonst wenig Berührungspunkte mit der Firma hatten, begleiteten mich zu der Feier, um den Schulterschluss der Gesellschafterinnen zu signalisieren. Wir alle spielten tapfer unsere Rolle.

22. POKERFACE. MEIN DOPPELLEBEN ALS CHEFIN UND UNTERNEHMENSVERKÄUFERIN

Gleich nach Weihnachten ließen wir ein großes Porträtfoto meines Vaters im Foyer der Firma aufhängen. Es zeigte ihn so, wie wir ihn in Erinnerung behalten wollten: freundlich, gütig, kraftvoll, optimistisch und voller Lebensfreude.

Für mich verkörperte dieses Bild weit mehr als eine wertschätzende Erinnerung. Mein Blick darauf hat mir jeden Tag Kraft und Mut gegeben. In dieser Zeit habe ich oft innere Zwiesprache mit meinem Vater gehalten. Manchmal habe ich ihm Vorwürfe gemacht. Aber viel öfter hat mir der mentale Kontakt zu ihm ein Gefühl der Zuversicht vermittelt: Eine innere Stimme meldete sich, die sagte: »Papa, das bekomme ich schon hin.«

Für mein Doppelleben als Chefin und Unternehmensverkäuferin wollte ich so gut wie möglich gewappnet sein. Gemeinsam mit meinem Anwalt entwickelten wir eine ausgeklügelte Choreografie für diese neue Rolle. Mit Hilfe von PR-Beratern übte ich Formulierungen ein, mit denen ich Presse- oder Kundenanfragen zu möglichen Verkaufsabsichten unverbindlich beantworten konnte. Offen darüber reden durfte ich nicht, aber genauso wenig wollte ich lügen. Deshalb bastelten wir an Aussagen, mit denen ich mich geschickt aus der Affäre ziehen konnte, etwa: »Ich führe das Unternehmen im Sinne meines Vaters weiter.« Oder: »Diese Gerüchte streuen Wettbewerber, die uns schwächen wollen.«

Mit dem neuen Jahr kamen auch zahlreiche Einladungen zum Lunch von unterschiedlichen Leuten aus meinem beruflichen Netzwerk. Mindestens einmal in der Woche riefen An-

wälte, Berater oder Finanzexperten an mit dem immer gleichen Anliegen: »Kirsten, lass uns doch mal essen gehen.«

Auch der Verlauf dieser Treffen war nahezu identisch. Smalltalk bei der Vorspeise, Zuprosten mit einem netten Glas Wein und dann bei der Hauptspeise die gespielt beiläufige Frage, ob ich denn schon einmal darüber nachgedacht hätte, unser Unternehmen zu verkaufen. Meine Antwort war immer ein entrüstetes Nein. Irgendwann fand ich sogar Spaß daran, mit Pokerface darauf zu lauern, in welchem Moment mein Gegenüber die »Gretchenfrage« wohl stellen würde. Wenn der Gesprächsfluss abbrach und mein Gegenüber tief Luft holte, wusste ich: Jetzt kommt's.

Mein Anwalt hatte mich gut auf diese Gespräche vorbereitet, deshalb durchschaute ich ihre Absichten. Diese Leute wollten mich aushorchen und davon profitieren, mir das Geheimnis entlockt zu haben. Das allerdings gelang keinem meiner Tischherren – und die meisten verabschiedeten sich nach dem Lunch höflich, aber sichtbar enttäuscht. Manche allerdings scheuten nicht davor zurück, ihren Anstand zu vergessen und mich offensiv unter Druck zu setzen. Ein Berater ging sogar so weit, mir damit zu drohen, er würde sich auf die Bieterseite schlagen, falls ich ihn nicht für die Verkaufsverhandlungen engagieren würde.

Das war schon fast Erpressung, und ich war erschüttert über die Dreistigkeit dieser Leute, die ich fast alle schon lange kannte. Trotzdem konnte ich gute Miene zum bösen Spiel machen. Denn mein Auftreten bei diesen Ausspäh-Mittagessen war fester Bestandteil unserer Verschleierungstaktik.

Je mehr Leute von meiner festen Absicht erfuhren, das Unternehmen im Sinne meines Vaters weiterzuführen, desto besser.

Aus dem gleichen Grund riet mir mein Anwalt auch, Vorträge zum Thema »Erfolgreiche Unternehmensnachfolge« zu halten. Die Veranstaltungen für Unternehmer waren immer gut frequentiert: Eine Frau im Management eines Familienunternehmens – und dann noch in einer Männerbranche – das zog. Für das Publikum waren meine Auftritte eine wirksame Demonstration, dass ich keinerlei Verkaufsabsichten hegte. Außerdem lenkten die Vorbereitungen meine Aufmerksamkeit in eine neue Richtung: weg von der Nachlassproblematik, die mein Vater hinterlassen hatte, hin zu meinen eigenen Leistungen, die ich seit meinem Eintritt in unser Unternehmen erbracht hatte.

LEBEN IN DER WARTESCHLEIFE

Einige Monate nach dem Tod meines Vaters fiel mir eine Ausgabe des Wirtschaftsmagazins *brand eins* in die Hände. Das Titelbild zeigte Prinz Charles in hochherrschaftlicher Amtsmontur auf einem Sessel thronend. Schwerpunkt des Magazins war das Thema Nachfolge – und das Bildmotiv des ewigen Thronfolgers diente als Sinnbild für eine nicht gelungene »Zepterübergabe«. Im Heft äußert sich Franz Wallau vom Institut für Mittelstandsforschung über die Nachfolgeproblematik in kleinen und mittleren Familienunternehmen. Prinz-Charles-Syndrom nennt der Professor die Tatsache, dass potenzielle Nachfolger in solchen Firmen nicht selten wie in einer endlosen Warteschleife leben.

Der Patriarch will sich sein Führungsmonopol nicht nehmen lassen und regiert sein Reich nach »Gutsherrenart«: »Der ganze Laden ist auf den Vorgänger optimiert, ganz besonders

natürlich bei der Gründergeneration. Da ist enorm viel nicht festgeschrieben, da tun alle, was sie tun, auf einer informellen, kulturellen Ebene. Man macht das, weil der Alte das schon immer so wollte. Und selbst wenn er zu Lebzeiten das Zepter abgibt, hat der Nächste ein dickes Problem.«[35]

Prinz-Charles-Syndrom: Potenzielle Nachfolger leben in Familienunternehmen nicht selten wie in einer endlosen Warteschleife.

Das Problem mit den nicht expliziten Führungsregeln blieb mir zum Glück erspart. Als ich 2002 aus Österreich zurückkam, hatte sich mein Vater teilweise aus dem operativen Geschäft zurückgezogen und arbeitete von seinem Büro in Krefeld aus. Eine meiner ersten Aufgaben bestand darin, zusammen mit einem externen Berater unsere Facilitysparte zu reorganisieren. Wir trennten uns von unrentablen Projekten, strafften die Verwaltung und fokussierten den Vertrieb auf bestimmte Zielgruppen. In diesem Jahr lernte ich das Unternehmen aus einer neuen Perspektive kennen. Der distanzierte Blick durch die Beraterbrille erwies sich als äußerst förderliche Horizonterweiterung. Bald darauf wurde ich Sprecherin des Unternehmens und kümmerte mich auch um strategische Aufgaben.

Zu meinen großen Projekten zählte die Erneuerung der Führungsgrundsätze. Mein Vater hatte sie zwei Jahrzehnte zuvor formuliert, und sie entsprachen weder den Lehren des modernen Managements, noch wurden sie wirklich gelebt. Im Rahmen eines zweijährigen Leitbildprozesses entwickelte ich mit einer Gruppe von 20 Mitarbeitern aus unterschiedlichen Hierarchieebenen und Unternehmensbereichen neue Grundsätze. Ein wichtiger Aspekt dabei war die Betonung der koope-

rativen Führung. Aber auch auf Augenhöhe mit dem Kunden zu verhandeln.

Anders als mein Vater hatte ich im Studium gelernt, den Teamgedanken mehr in das Unternehmen zu tragen.

Damit verschob sich der Fokus unserer Firmenkultur bereits ein Stück weit weg vom Patriarchen und hin zu einem managementorientierten Unternehmen.

Mein Vater hat sich diese Entwicklung eher wohlwollend als skeptisch aus der Ferne angeschaut und mich gewähren lassen. Die Sache mit dem Leitbild war schließlich mein »Baby«, nicht seins. Mir war es wichtig, im Unternehmen eigene »Duftnoten« zu setzen, ohne das Lebenswerk meines Vaters völlig umzukrempeln und ihn damit zu brüskieren. Also überließ ich ihm seine Lieblingsspielfelder Innovationen und Finanzen und baute meine Position im Bereich strategische Unternehmensführung aus. All das hat wesentlich dazu beigetragen, dass nach dem Tod meines Vaters kein Führungsvakuum entstand. Im Gegensatz zu anderen Nachfolgern, die bis zum Ableben des Seniors oft jahrzehntelang nicht ans Ruder kamen und kommen, wusste ich sehr genau, was ich zu tun hatte. Erwartungsgemäß stand auch das Managementteam des Unternehmens verlässlich hinter mir, und ebenso loyal verhielten sich die Mitarbeiter und Kunden. Ich war ja seit Jahren ihr erster Ansprechpartner, auch weil mein Vater geschäftlich nicht mehr so viel unterwegs sein wollte.

23. WELCHES PREISSCHILD TRÄGT EIN LEBENSWERK?

Ende Januar lagen uns die in geheimer Mission zusammenge-
puzzelten Finanz- und Unternehmensdaten komplett vor. Auf
Basis dieser Daten fertigten wir ein Informationsmemorandum
für mögliche Käufer an. Dieses fünfseitige Papier enthielt alle
notwendigen Angaben, die Interessenten brauchten, um ein
grobes Angebot abzugeben – von der Personalzusammenset-
zung über das Kundenspektrum und die Organisationsstruktur
bis hin zu den Bilanzen und dem Businessplan für die nächsten
fünf Jahre.

Die wirtschaftliche Situation unseres Unternehmens war
sehr gut. Alle Kostenprogramme der letzten Jahre hatten ge-
griffen, und wir verzeichneten das beste Ergebnis seit langem.

»Wenn Ihr Vater dieses erfolgreiche Geschäftsjahr noch hätte
erleben dürfen!«, seufzte unser kaufmännischer Geschäftsführer.

Ich vermute allerdings, dass mein Vater über das Gesamt-
ergebnis des letztendlichen Firmenwertes weit weniger erfreut
gewesen wäre. Denn der ermittelte Unternehmenswert war nur
halb so hoch wie jener, den mein Vater vier Jahre zuvor gemeinsam mit dem Steuerberater hochgerechnet hatte.

Ich habe meinen Vater damals schon darauf hingewiesen,
dass seine Kalkulation einer realistischen Prüfung kaum stand-
halten würde.

Unser Unternehmen besaß weder Immobilien noch Patente,
und die Fahrzeuge standen auch nicht auf der Habenseite, weil
alle geleast waren. In Wert stellen konnten wir nur den Erlös
aus den Aufträgen.

Doch als ich meinem Vater diese Rechnung zu Lebzeiten aufgemacht habe, reagierte er zutiefst beleidigt und nannte mich eine Verräterin. Er fragte, wer mich so negativ beeinflusst habe, und warf mir vor, nicht zum Unternehmen zu stehen. Damals fühlte ich mich vor den Kopf gestoßen, doch heute kann ich mir diese Reaktion erklären: Mein Vater hat sein Unternehmen aus zutiefst menschlichen Gründen reicher gerechnet. So geht es auch älteren Leuten, die ihr jahrzehntelang gehegtes Haus verkaufen. Sie rechnen den Interessenten vor, wie viel Geld, Arbeit und Liebe sie ein Leben lang in ihr Heim investiert haben. Für die potenziellen Käufer sind diese Sentimentalitäten allerdings völlig uninteressant. Sie beurteilen den Wert des Hauses nach rein rationalen Kriterien.

Ebenso verhielt es sich bei meinem Vater – und offenbar bei vielen anderen Eigentümern von Familienunternehmen.

Eine Studie von Ernest & Young bestätigt meine Vermutung.[36] Die Wirtschaftsprüfungsgesellschaft hat gemeinsam mit der Universität St. Gallen Eigentümer von mittelständischen Unternehmen in Deutschland nach dem Wert ihrer Firma befragt. Die Mehrheit der Unternehmer, so das Ergebnis, überschätzt den Erlös, den das Unternehmen beim Verkauf erzielen würde.

»Für viele Unternehmer ist die Firma zum zentralen Lebensinhalt geworden. Sie haben dafür oft jahrzehntelang gekämpft und sich zeitlich und emotional engagiert. Zudem haben sie in der Vergangenheit meist hohe Investitionen in das Unternehmen getätigt«, so die Begründung der Autoren. Überraschend sei allerdings, dass andere Eigentümer, die gleichzeitig auch Gründer sind, den Preis ihres Unternehmens mitunter auch unter Wert taxieren. Ein möglicher Grund dafür könne die er-

tragene Belastung sein. Manche Gründer, die verkaufen wollen, scheuen langwierige Verkaufsverhandlungen und streben eher die Variante »kurz und schmerzhaft« an, so die Autoren. Und dafür sind sie bereit, einen geringeren Preis in Kauf zu nehmen.

Die Mehrheit der Unternehmer überschätzt den Erlös, den das Unternehmen beim Verkauf erzielen würde.

»Nix wie weg damit« – dieser Situation musste sich mein Vater zu Lebzeiten nie stellen. Für ihn wäre die Abwertung des eigenen Unternehmens einem Stich ins Herz gleichgekommen.

Diese bittere Erfahrung hat er testamentarisch an uns delegiert.

Mitte Februar 2011 kamen die ersten Reaktionen auf das anonymisierte Informationsmemorandum zum Unternehmensverkauf, das wir an ausgewählte Wettbewerber verschickt hatten. Wir bekamen einen groben Eindruck davon, wer auf dem Markt Interesse zeigte und für welchen groben Wert man bereit war, das Unternehmen zu kaufen. Von den rund 60 angeschriebenen Unternehmen hatte ungefähr die Hälfte geantwortet. Gemeinsam mit der Familie suchten wir die interessantesten Bieter aus. Nach der Unterzeichnung weiterer für den Prozess notwendiger Unterlagen stand der erste Termin zur Vorstellung unseres Unternehmens bevor, und ich hatte ein mulmiges Gefühl. Jetzt würde es ernst werden. Da saß nun das Gremium des Kaufinteressenten, und ich musste nicht wie sonst Dienstleistungen an ein Krankenhaus oder Industrieunternehmen verkaufen, sondern das eigene Unternehmen.

Das Erbe meines Vaters zu verkaufen war für mich ein so existenzielles Thema, dass ich wie gelähmt war.

Einige Minuten vor dem Termin in der Kanzlei unseres Anwalts fühlte ich mich so übel, dass er befürchtete, ich könne nicht an der Sitzung teilnehmen. Ich war leichenblass und hypernervös, schnappte am offenen Fenster nach Luft und wäre am liebsten davongelaufen. Aber kaum war das Gespräch im Konferenzraum eröffnet, schaltete ich in den Business-Modus und habe die Verhandlung und die Präsentationen ganz locker gemeistert.

Im Laufe der Zeit bekam ich bei solchen Präsentationen immer mehr Routine. Doch das Madigmachen unseres Unternehmens durch die Kaufinteressenten bereitete mir jedes Mal ein flaues Gefühl im Magen. Zwar verliefen die Termine meistens sehr sachlich und ohne Gefühlsausbrüche. Doch die Bieter suchten ständig nach Fehlern, redeten das Unternehmen schlecht und versuchten so, den Kaufpreis zu drücken.

Rational betrachtet ist das völlig verständlich. Doch als Familienunternehmerin empfand ich diese Miesmacherei immer als persönlichen Angriff. Nur gut, dass wir im Vorfeld des Verkaufs eine Verkäufer-Due-Diligence gemacht hatten. Damit konnte ich unseren Unternehmenswert mit harten Fakten verteidigen. Der emotionale Wert dieses Erbes lastete trotzdem auf meiner Verhandlungsposition. Nur verbarg ich meine Zerrissenheit und meine Schuldgefühle in aller Disziplin hinter dem Pokerface.

24. THE SHOW MUST GO ON – UND DIE
GERÜCHTEKÜCHE BRODELT

Wer sein Unternehmen verkaufen will, muss mit langen Arbeitstagen und schlaflosen Nächten rechnen. Niemals hätte ich gedacht, dass dieser Prozess derart kompliziert, nervenaufreibend und riskant ist. Überall lauern Fallstricke, Bluffs und böse Überraschungen. Eine zentrale Herausforderung ist das Gebot der absoluten Diskretion.

Während der Zeit des Unternehmensverkaufs kam ich mir vor wie die Hauptfigur eines Agenten-Thrillers, die ihre streng vertrauliche Geheimmission permanent gegen feindliche Späher verteidigen muss.

> *Eine zentrale Herausforderung beim Unternehmensverkauf*
> *ist das Gebot der absoluten Diskretion.*

Eigentlich folgt der Prozess eines Unternehmensverkaufs strengen Regeln, die Indiskretion und die damit verbundene Verunsicherung bei Mitarbeitern oder Kunden so weit wie möglich verhindern sollen. Das Verkaufsmemorandum mit den wichtigsten Informationen zum Unternehmen etwa erhalten die Bieter erst nach Abgabe einer Vertraulichkeitserklärung und in anonymisierter Form. Auch die ausführliche Zusammenfassung der Finanz- und Unternehmensdaten ist anonymisiert in einem heute meist digitalen Datenraum abgelegt, zu dem die Bieter nur sehr eingeschränkten Zugang haben. Sie brauchen ein Passwort, dürfen Dokumente weder kopieren noch ausdrucken und können nur eine begrenzte Anzahl von Anfragen an den Verkäufer stellen. Bevor die Bieter die im Datenraum ge-

speicherten Firmeninterna einsehen dürfen, müssen sie außerdem eine verschärfte Vertraulichkeitserklärung unterschreiben.

In dieser »Hochsicherheitszone« spielte ich nun täglich meine Rolle als Agentin in geheimer Mission. Und täglich drehte sich die Bühne, und ich fand mich mitten im Geschäftsalltag wieder und musste die Rolle der Chefin mimen. Dieses Doppelleben führte zuweilen zu skurrilen Szenen. Ich erinnere mich noch an die erste Strategietagung nach dem Tod meines Vaters. Sie fand, wie auch in den Vorjahren üblich, im März statt.

Ich musste den Mitarbeitern den Eindruck vermitteln,
dass unsere Firma eine Zukunft hat.

Doch der Unternehmensverkauf hatte mich derart absorbiert, dass ich gar nicht dazu gekommen war, darüber nachzudenken, welche Schwerpunkte wir in diesem Jahr auf dem Plan haben würden. Von Anfang an war ich unkonzentriert, fahrig und angespannt. Verschlimmert wurde die Situation dadurch, dass sich unser kaufmännischer Geschäftsführer ständig aus der Tagung hinausgestohlen hat. Ich war die einzige Teilnehmerin, die wusste, warum. Die Bieter stellten über den Datenraum so viele Fragen wie möglich. Als Zeichen unserer Kompetenz galt es nun, sie zügig zu beantworten. Das war der Grund, warum unser kaufmännischer Geschäftsführer ständig nach draußen musste, um die Mitarbeiter in Düsseldorf zu beauftragen, entsprechende Listen zusammenzustellen. Die anderen Tagungsmitglieder haben sich insgeheim sicher gefragt, was den Kollegen wohl plagen mochte. Ich war heilfroh, dass an diesem Abend ein wichtiges Deutschland-Spiel der Fußballeuropameisterschaft übertragen wurde und sich alle vor den Fern-

seher zurückzogen. So blieben mir peinliche Nachfragen und Notlügen erspart.

UNDICHTE STELLEN

Mit diesem ständigen Bühnenwechsel ging es für mich in den folgenden Monaten weiter. Morgens Besuche bei Kunden oder Lieferanten, mittags Präsentation unseres Unternehmens vor potenziellen Käufern. Einen Tag lang Flagge zeigen auf einer Fachmesse, am nächsten Tag durch den Hintereingang in die Zentrale eines Bieters huschen und verhandeln. Ich habe mich mit unserem Unternehmen sogar wie in den Vorjahren beim Wettbewerb »Caterer des Jahres« beworben – ohne zu wissen, ob die Firma überhaupt noch existieren würde, falls wir gewinnen sollten.

Mit doppelter Zunge zu sprechen hat mir noch nie gelegen, aber ich musste da durch. Also zeichnete ich für alle Kunden und Mitarbeiter das Bild einer gesicherten Unternehmenszukunft, ohne zu wissen, was wirklich kommen würde.

Niemand in der Firma begegnete mir mit offenem Misstrauen, aber ich spürte jeden Tag, dass ich unter verschärfter Beobachtung stand.

Betrat ich unsere Firma mit angespanntem Blick, fragte schon die Empfangsdame: »Alles in Ordnung bei Ihnen?« Auch andere Mitarbeiter zeigten sich viel besorgter als sonst und erkundigten sich ständig nach meinem Befinden oder nach dem Grund für meine häufige Abwesenheit. Ich versuchte, so gelassen, optimistisch und vorausschauend wie möglich zu wirken. The show must go on – auch wenn hinter den Kulissen längst ein anderes Programm auf dem Spielplan stand.

Anfang Mai nahm mich einer unserer Vertriebsleiter mit besorgter Miene zur Seite: »Frau Schubert, unsere Mitarbeiter werden von Personalleitern der Wettbewerber angesprochen, ob sie nicht ihren Job wechseln möchten. Unsere Firma würde ja wohl bald verkauft.« Ich antwortete ausweichend wie immer und versuchte, meinen Schreck so gut wie möglich zu überspielen.

Dann kam der 19. Mai 2011. Ich war geschäftlich unterwegs und erhielt einen Anruf meiner Assistentin, die mir mitteilte, dass mich jemand von der *Immobilien Zeitung* sprechen wolle. Ich maß dieser Anfrage keine große Bedeutung zu und erledigte meine Termine. Einen Rückruf nahm ich mir für den Folgetag vor. Am nächsten Tag titelte die *Immobilien Zeitung*: »Schubert-Gruppe steht zum Verkauf«. Als ich abends nach Hause kam, klingelte das Telefon. Ein Redakteur der *Bild*-Zeitung erzählte mir, er habe von einem Kollegen der *Immobilien Zeitung* gehört, dass unser Unternehmen zum Verkauf stehe. Ich spürte einen Anflug von Panik, konterte aber rasch mit meiner eingeübten Phrase: »Ich weiß nicht, wie die dazu kommen, solche Gerüchte in die Welt zu setzen. Ich führe das Unternehmen im Sinne meines verstorbenen Vaters weiter und möchte dazu nicht Stellung nehmen.«

In dieser Nacht fand ich kaum Schlaf und ging gleich morgens um sechs Uhr zur Tankstelle, um die *Bild*-Zeitung zu kaufen. Zum Glück war der Artikel eher unscheinbar und wenig aussagekräftig: »Wirbel um Schubertgruppe. Die Düsseldorfer Unternehmensgruppe steht angeblich zum Verkauf«.

Wer dieses Gerücht gestreut hatte, blieb zunächst im Dunklen. Später erfuhr ich, dass der Redakteur der *Immobilien Zeitung* einige unserer Bieter gut kannte. Und die Vermutung liegt

nahe, dass nicht alle den Mund halten konnten – allen Vertraulichkeitserklärungen und Schweigepflichten zum Trotz.

Hatten möglicherweise auch die Banken, die den Kauf für einen Interessenten finanzieren sollten, nicht dichtgehalten? Ein Freund meines Vaters aus München berichtete mir jedenfalls, dass ein Banker ihn bei einem Empfang gefragt hatte, ob er auch schon vom Verkauf der Schubert-Unternehmensgruppe wüsste. So viel zum Diskretionsversprechen der angeblich so seriösen Bankhäuser.

Die Vermutung liegt nahe, dass nicht alle den Mund halten konnten – allen Vertraulichkeitserklärungen zum Trotz.

Ich war stinksauer. Die ganze Zeit hatte ich alles nur Erdenkliche dafür getan, dass das Codewort »Amadeus« nicht entschlüsselt wird. Und nun war ich doch ertappt worden.

Kaum war der *Bild*-Artikel erschienen, wurde unser Betriebsrat bei mir vorstellig und wollte wissen, was es damit auf sich habe. Ich versuchte, die Arbeitnehmervertreter so gut wie möglich zu beschwichtigen, und versicherte ihnen, sie selbstverständlich zu informieren, falls wir jemals über einen Verkauf nachdenken sollten. Ich stellte aber auch klar, dass unser Unternehmen von der Marktposition her über strategische Allianzen nachdenken müsse – und deshalb durchaus auch Gespräche mit Wettbewerbern stattfinden könnten. Der Betriebsrat gab sich damit zufrieden und bewahrte Ruhe.

AUF TREIBSAND

Der Sommer kam und mit ihm die Hoffnung, dass das nerv-
tötende Versteckspiel bald zu Ende sein würde. Wir hatten mit
einem Bieter sehr gute Verhandlungen geführt. Der Kaufpreis
stimmte, und alle anderen Modalitäten waren geklärt – von der
Übernahme der Mitarbeiter und Geschäftsführer über den
Grad unserer Integration bis hin zu den Fälligkeiten der Kauf-
preisraten. Nun fehlte nur noch die Genehmigung von ganz
oben.

Ich freute mich schon auf die Zeit, die nun vor uns lag, auf
die zurückgewonnenen Zukunftsperspektiven und das ruhige-
re Fahrwasser. Doch die Genehmigung wurde nicht erteilt,
man hatte sich für eine andere Beteiligung entschieden. Mein
schönes Kartenhaus war von einer Sekunde auf die andere zusammengebrochen.

Ich bewegte mich wie auf Treibsand. Eben noch dachte ich,
meine Planungssicherheit endlich wiederzubekommen, endlich wieder alles unter Kontrolle zu haben. Und nun fing alles
von vorne an.

Wer sein Unternehmen verkauft, muss damit leben, dass es
keine Sicherheit gibt.

Kein Plan B. Kein goldener Käfig. Das hatte mein Vater bei
der testamentarischen Aufteilung seines Vermögens nicht mit
einkalkuliert.

25. »HÄTTEN WIR NUR DARÜBER GEREDET.«
GERECHTIGKEIT ALS VERHANDLUNGSSACHE

Warum tue ich mir das an? Warum bürde ich mir diese ganze Last des Erbes auf? Diese Frage habe ich mir in den ersten Jahren nach dem Tod meines Vaters nicht nur einmal gestellt. Und oft habe ich dann mit seiner Entscheidung gehadert, das Unternehmen zu gleichen Teilen an seine Töchter zu vererben, ohne mein Engagement in dieser Firma vor und nach seinem Tod mit in die Waagschale zu werfen. Erst seit meiner psychologischen Ausbildung weiß ich, warum: Mein Vater konnte nicht anders – er wollte uns Töchter in allerbester väterlicher Absicht gleich behandeln.

Erbrechtlich betrachtet handelte er damit auch völlig korrekt. Der Gesetzgeber geht davon aus, dass Gerechtigkeit der größte Wunsch aller Familienmitglieder ist. Deshalb benennt das Bürgerliche Gesetzbuch den Grundsatz, dass innerhalb eines Familienstamms gleiche Erben zu gleichen Teilen erben. Inwieweit sie jeweils zur Vermögensbildung beigetragen haben, spielt aus Sicht des Erbrechts keine Rolle.

> *Mein Vater wollte uns Töchter in allerbester väterlicher Absicht gleich behandeln.*

Es liegt auf der Hand, dass dieses Gleichheitspostulat schon in normalen Familien zu Konflikten führt. Die Tochter etwa, die sich jedes Wochenende um den Vater gekümmert hat, fühlt sich unfair behandelt, wenn sie den gleichen Anteil wie ihr Bruder erhält, der sich nur dreimal im Jahr hat blicken lassen. In Unternehmerfamilien gestaltet sich die heikle Ausbalancierung

von Gleichheit und Gerechtigkeit noch wesentlich komplizierter.

Diese Thematik gleicht einem verminten Feld, und ich habe selbst erfahren, welche emotionalen Achterbahnfahrten damit verbunden sind. Seit ich das Spannungsfeld von Gleichheit und Gerechtigkeit nicht subjektiv, sondern objektiv zu verstehen versuche, ist mir jedoch bewusst geworden, welche subtilen Logiken dabei im Spiel sind.

»In der Familie gilt eine Logik der Gleichheit – eine Mutter muss immer alle Kinder gleich lieb haben«, sagt der Familienunternehmensforscher Arist von Schlippe in einem Interview in der *Wirtschaftswoche*[37]. Und weiter: »Die Gerechtigkeitslogik des Unternehmens beruht aber auf Ungleichheit: Der, der am meisten leistet oder die beste Qualifikation hat, soll auch am meisten bekommen. An dieser Diskrepanz arbeiten sich viele Unternehmerfamilien ab.«

In Unternehmerfamilien überlagern sich die Prinzipien der Gleichheit, der Leistung und der Bedürftigkeit.

Wie komplex die Gemengelage der Gerechtigkeitsvorstellung in Unternehmerfamilien ist, beschreibt Dr. Rolf Müller, Experte für Familienunternehmen, in seinem Aufsatz »Verteilungsgerechtigkeit – Schicksalsfrage der Unternehmerfamilie«. Der Forscher unterscheidet drei Verteilungsprinzipien, die sich in solchen Familien überlagern – das Prinzip der Gleichheit, das Prinzip der Leistung und das Prinzip der Bedürftigkeit: »Alle drei Prinzipien kommen in der Vermögensverteilung zur Anwendung – obwohl sie schwerlich miteinander zu vereinbaren sind.«[38]

Die Verteilungsprinzipien Gleichheit und Bedürftigkeit sind auf der familiären Ebene verortet, Leistung und Ergebnisorientierung hingegen auf der Unternehmensebene, so Müller: »Daraus resultieren nicht lösbare Probleme, denn allgemeingültige Gerechtigkeitsprinzipien in allen drei Systemen kann es nicht geben.«

EMOTIONALE KONTOSTÄNDE

Hinzu kommt, dass in Familien andere »Währungen« gelten als in Unternehmen. Aus der systemischen Familientherapie ist bekannt, dass Familienmitglieder innere Beziehungskonten unterhalten, auf denen sie unsichtbar Buch über das gegenseitige Geben und das Nehmen führen. Verrechnet werden dabei Gefühle wie Loyalität, Bindung und Treue, aber auch Enttäuschungen. Ist diese innere Kontenverrechnung nicht ausgeglichen, erlebt man sich als verraten und verkauft. Bei Nachfolgeregelungen oder Erbschaften tritt dann offen zutage, wie diese Verdienstkonten von den anderen in der Familie wahrgenommen werden.

Bei Erbschaften triff offen zutage, wie die emotionalen Verdienstkonten von den anderen in der Familie wahrgenommen werden.

Spätestens an diesem Punkt kocht die Frage nach Ausgleich und Gerechtigkeit hoch.

Diese abstrakten Betrachtungen treffen das Gerechtigkeitsproblem unseres Erbes im Kern. Mein Vater hat seine Töchter im Testament nach dem familiären Prinzip der Gleichheit bedacht. Offenbar war sein Beziehungskonto hinsichtlich seiner

beiden Töchter ausgeglichen. Keine hatte ihn jemals tief enttäuscht, beide begegneten ihm mit großer Zuneigung und Dankbarkeit.

Ich jedoch habe nicht nur mein emotionales Verrechnungskonto, sondern auch das unternehmerische Prinzip der Leistung als Maßstab für Gerechtigkeit ins Spiel gebracht. Und beide »Bilanzen« waren nicht ausgeglichen. Ich vermisste sowohl die emotionale als auch die monetäre Anerkennung meines Vaters für meine Arbeit im Unternehmen.

Das eigentliche Problem waren aber weniger diese verworrenen Gerechtigkeitsprämissen, sondern vielmehr die schlichte Tatsache, dass wir als Familie nie offen darüber geredet haben. Das ist natürlich leichter gesagt als getan. Unschwer vorstellbar, dass bei solchen hoch emotionalen und existenziellen Gespräche wenig herauskommt, wenn sie einfach so beiläufig beim Abendessen geführt werden. Die offene Aussprache über Fragen der Nachfolge oder des Testaments braucht einen Rahmen, der das ehrliche Bekennen der eigenen Wünsche, Ansprüche und Gerechtigkeitsvorstellungen erleichtert.

Ich habe inzwischen einige interessante Ansätze kennengelernt, die diesen Familiendialog konstruktiv und zielführend moderieren und steuern. Das Nürnberger Beratungsunternehmen »Familienwerte« von Rolf Müller etwa hat eine Methode entwickelt, welche die emotionalen Werte bei der Vermögensverteilung ebenso einbezieht wie die ökonomischen Werte. Die sogenannte ökonomisch-soziale Wertebilanz ermittelt einerseits den Wert des Unternehmens und des Familienvermögens, etwa der Immobilien. Andererseits aber sollen die einzelnen Familienmitglieder in einem Selbstbewertungsplan aufzeigen und bewerten, wie wichtig ihnen bestimmte Rollen

innerhalb des Unternehmens oder der Familie sind. Dieser ganzheitliche Ansatz hat mehrere Vorteile: Jedes Familienmitglied ist aufgefordert, seine eigenen emotionalen Wertvorstellungen hinsichtlich des zu verteilenden Erbes zu reflektieren und offenzulegen. Außerdem schärft der Prozess den Blick auf die Frage, ob die Verteilung von allen als gerecht wahrgenommen wird.

»Gerecht ist eine Lösung, wenn alle Betroffenen ihre Ansichten und Forderungen einbringen können und wenn alle dabei auf dem gleichen Informationsstand sind«, so fasst Müller den Nutzen dieser Methode zusammen. Und weiter: »Das Bemühen um eine gerechte Verteilung des Erbes steht und fällt mit der Art und Weise der Entscheidungsfindung. Im Mittelpunkt steht dabei das wechselseitige Hinterfragen der individuellen Gerechtigkeitsvorstellungen.«[39]

Dabei sollte unbedingt berücksichtigt werden, wie viel Verantwortung und damit auch Risiko die einzelnen Familienmitglieder übernehmen, so der Forscher weiter. Insofern sei Verteilungsgerechtigkeit innerhalb von Familienunternehmen nur gegeben, »wenn a) eine gerechte Verteilung von Gütern und Chancen und b) ein fairer Ausgleich der Interessen der Familienmitglieder mit Hilfe eines gerechten Vertrags erzielt wurde.«

ALLES MUSS AUF DEN TISCH

Das Testament meines Vaters erfüllte weder Punkt a noch Punkt b. Daran lässt sich nichts mehr ändern. Trotzdem empfinde ich diese Ungerechtigkeit heute nicht mehr als Kränkung, sondern als logische Folge meines eigenen Verhaltens.

Inzwischen ist mir klar, dass ich meine Position viel selbstbewusster hätte einbringen müssen – nicht die der Tochter, sondern die der Managerin in unserem Unternehmen.

Das betraf auch mein Gehalt. Ich habe immer weniger verdient als die anderen Manager – mit der Begründung, dass ich später ja das Unternehmen erbe. Nicht von ungefähr empfand ich deshalb die testamentarische Verfügung, nach der wir Schwestern die Firma zu gleichen Teilen erben sollten, als äußerst unfair. Aber auch in Sachen Gehalt hätte ich mir einfach nur rechtzeitig den Unternehmerhut aufsetzen und meinem Vater klipp und klar sagen müssen, dass ich genauso viel leiste wie die anderen Manager und dass mir deshalb die gleiche Bezahlung zustehe.

Auch nach dem Tod meines Vaters hat sich dieser Rollenkonflikt fortgesetzt. Ich bin sofort losgeprescht und habe das Ruder bei der Nachlassregelung und dem Unternehmensverkauf in die Hand genommen. Für mich war das selbstverständlich, weil ich mich als die Stärkste der Familie betrachtete. Bei den geschäftlichen Verhandlungen habe ich das Wort geführt. Dass meine Mutter oder meine Schwester mitreden würden, war für mich undenkbar. Ich betrachtete den Unternehmensbereich als mein Hoheitsgebiet und ordnete das Private den beiden anderen Frauen der Familie zu.

Ich betrachtete den Unternehmensbereich als mein Hoheitsgebiet.

Insofern verhielt ich mich nicht anders als zu Lebzeiten mein Vater – nach dem Motto: Der König ist tot, es lebe die Königin.

Mir war das damals nicht bewusst, aber ich habe mich über die Köpfe der restlichen Familie hinweg sehr stark in den Vor-

dergrund gespielt. Das hat die Sache als solche, also die Regelung der Unternehmenszukunft, vielleicht vorangebracht. Den Familienfrieden hat das alles beeinträchtigt. Dabei hätte das ganz einfach vermieden werden können. Ich hätte nur alle anderen Familienmitglieder fragen müssen, ob es in Ordnung für sie ist, wenn ich für die Familie spreche und handle. Und dieses Plazet hätte ich mir schriftlich absegnen lassen müssen. Mit dieser simplen Geste hätte ich die Unternehmerrolle und die Familienrolle unter einen Hut bringen können.

Stattdessen habe ich immer wie die Tochter agiert, die großen Fleiß investiert, damit alle sie lieb haben. Zu Lebzeiten meines Vaters war er der Adressat dieser Bemühung. Nach seinem Tod erwartete ich diese liebevolle Würdigung meiner Anstrengungen von der Familie. Aber so funktioniert das Leben nicht.

26. ZU WEIT AUS DEM FENSTER GELEHNT.
DER FALL DORNIER

Die Erbstreitigkeiten der Dornier-Familie weckten mein Interesse, weil dabei eine Testamentsvollstreckerin die zentrale Rolle spielt. Dass eine berühmte Unternehmerfamilie wie die Dorniers eine damals noch sehr junge Frau in dieses Amt berufen hat, passiert eher selten. Als ich mich tiefer in diesen Fall einarbeitete, fielen mir zwei Dinge auf: Erstens zeigt dieser Fall beispielhaft, wie problematisch es ist, wenn ein Erblasser Gerechtigkeit als Gleichheit missversteht. Und zweitens vermittelt er einen Eindruck von den tückischen Spannungen zwischen Erben, die aufbrechen können, wenn sich einer eigenmächtig zum Fürsprecher der anderen macht.

Dornier war einst ein Konzern von Weltrang, seine Flugzeuge galten als Aushängeschild der deutschen Luftfahrt. Heute sind von dem Unternehmen, das Anfang der 1930er Jahre aus den Friedrichshafener Zeppelin-Werken hervorgegangen ist, nur noch Fragmente übrig. Längst sind alle Erben eigene Wege gegangen, obwohl das Vermächtnis des Unternehmensgründers vorsah, sein Lebenswerk als Familienbetrieb zu erhalten. Viele Jahrzehnte lang hatte der Luftfahrtpionier Claude Dornier seine Firma mit eiserner Hand geführt. Als er 1969 starb, hinterließ er ein Testament, in dem er seine sechs Söhne aus zwei Ehen bittet, für den Fortbestand der Firma Sorge zu tragen und »die Rechte aller Miterben in jeder Hinsicht paritätisch zu wahren«. Doch der Grundgedanke seines letzten Willens, jedem Sohn die gleichen Geschäftsanteile zu vererben und damit Zwistigkeiten zu vermeiden, erwies sich als trügerische Hoffnung.

Schon wenige Jahre nach seinem Tod spaltete sich der Familienstamm in zwei Lager auf, die unterschiedliche Strategien für die Entwicklung des Unternehmens anstrebten. Die eine Fraktion, angeführt von Justus Dornier, sah die Zukunft des Unternehmens in Hightechindustrien wie Raumfahrt und Medizintechnik. Sein älterer Bruder Claudius vertrat die andere Seite, die auf den Bau von Flugbooten setzte.

> *Der Grundgedanke seines letzten Willens erwies*
> *sich als trügerische Hoffnung.*

Während der 1970er Jahre entbrannte ein Machtkampf zwischen den beiden Lagern, der zu einem juristischen Grabenkrieg eskalierte. Mitte der 1980er Jahre kam es dann zum großen Showdown. Insgesamt waren zu dieser Zeit 20 Verfahren zwischen den Parteien anhängig, und der Familienzwist schlug in der Öffentlichkeit hohe Wellen. Das *Handelsblatt* fragte sogar, »ob man Erben wie den Dorniers ihr Unternehmen besser nehmen sollte, bevor es ruiniert ist.«[40]

Damals zählte die Dornier-Gruppe fast 9000 Beschäftigte und erlöste rund 1,5 Milliarden Mark. Und der Ruin schien tatsächlich nicht weit, denn die verfeindeten Familien waren so sehr mit ihrem Streit beschäftigt, dass sie sich kaum mehr um ihr Unternehmen kümmerten. Das Vertrauen der Dornier-Belegschaft in die Eigentümer ging gegen null, und schließlich schaltete der Betriebsrat als Retter in der Not die Politik ein. Lothar Späth, damaliger Ministerpräsident von Baden-Württemberg, vermittelte daraufhin im April 1985 Verhandlungen zwischen der Daimler-Benz AG und den Dornier-Erben. Die Autobauer interessierten sich für deren Gesellschafteran-

teile und glaubten, bei der Übernahme ein leichtes Spiel zu haben.

EINE BEISPIELLOSE POKERPARTIE

Doch dann trat Martine Dornier-Tiefenthaler auf den Plan und fuhr den Herren aus Stuttgart gehörig in die Parade. Als Sprecherin der Dornier-Erben verhandelte die damals 30-jährige Juristin und Schwiegertochter von Claudius Dornier eiskalt die Bedingungen, zu denen der Daimler-Konzern mit Mehrheitsanteilen bei Dornier einsteigen durfte.

Die Vereinbarungen erwiesen sich als Goldgrube
für die Erben.

Dornier-Tiefenthaler erkämpfte für sie eine garantierte Mindestdividende von zehn Prozent und eine Wertsicherung der Dornier-Kapitalanteile in Höhe des sechsfachen Nominalwerts. Was immer mit Dornier passieren würde – diese Summe war den Dornier-Erben sicher. Dem Wunsch ihres Schwiegervaters entsprechend handelte die Juristin zudem eine Sperrminorität der Dorniers bei wichtigen Entscheidungen aus.

1986 starb Claudius Dornier im Alter von 71 Jahren. Zur Testamentsvollstreckerin hatte er Martine Dornier-Tiefenthaler berufen. Als der damalige Daimler-Chef Edzard Reuter dann einen Vorstoß auf die restlichen Dornier-Anteile startete, kam ihm erneut die verhandlungsstarke Juristin in die Quere.

Als Vertreterin der Rechte von Claudius Dornier, ihrem Mann Conrado und seinen drei Brüdern wollte sie es den »selbstgefälligen« Herren aus Stuttgart zeigen und nicht zulas-

sen, dass sich Daimler »einen ganzen deutschen Industriezweig unter den Nagel reißt.«[41]

In einer beispiellosen Pokerpartie gelang der Wirtschaftsanwältin erneut die Aushandlung eines Superdeals für die Dornier-Erben.

Für den Verzicht auf die industrielle Führung bei Dornier und auf die Widerspruchsmöglichkeiten der Familie forderte sie eine fürstliche Entlohnung. Die Erben kassierten noch einmal 570 Millionen Mark – steuerfrei, denn auch von diesen Kosten entlastete Daimler die Familie. Zusätzlich handelte Dornier-Tiefenthaler für die Familienmitglieder eine lebenslange Dividende von 15 Prozent aus. Im Vertrag war auch vermerkt, dass Daimler-Benz Unternehmensteile nur verkaufen durfte, wenn die Dornier-Gesellschafter zu 100 Prozent zustimmen. Damit konnten die Erben die Daimler-Geschäftspolitik bei Dornier auch künftig blockieren. Ein Daimler-Benz-Aufsichtsrat schimpfte damals: »Nun haben wir Dornier zum zweiten Mal gekauft, aber die Firma gehört uns immer noch nicht.«[42]

Ebenso schaffte es die Rechtsanwältin, dass alle Kosten der juristischen Beratung aus dem Jahr 1988, die den von ihr vertretenen Dorniers entstanden, von Daimler-Benz übernommen wurden. Abschließend stellte sie dem Konzern rund zehn Millionen Mark Honorar in Rechnung– und der zahlte und schwieg.

IN DEN RÜCKEN GEFALLEN

Martine Dornier-Tiefenthaler war ein juristisches Bravourstück gelungen, von dem alle Erben üppig profitierten. Doch
kaum war alles unter Dach und Fach, machten die drei Brüder ihres Ehemanns gegen sie Front. Wieso sollten sie sich als
Erben eigentlich von ihrer Schwägerin vertreten lassen? Dazu
noch von einer Frau, die unter Profilsucht leidet? Die Brüder
warfen der Juristin vor, sich einseitig für die Interessen ihres
Ehemannes einzusetzen – zulasten der anderen Erben. Offenbar fühlten sich die Brüder übervorteilt und bevormundet.

Um ihr die Macht zu entziehen, zettelten sie schließlich ihre
Entlassung als Testamentsvollstreckerin an – mit Hilfe von Jürgen
Schrempp. Der ehemalige Daimler-Chef wusste, dass Conrado
Dorniers Unternehmen mit Finanzierungsproblemen zu kämpfen hatte. Also versprach Schrempp Martine Dornier-Tiefenthaler, sich an der Firma ihres Mannes zu beteiligen, sofern sie
im Gegenzug von ihrem Amt als Testamentsvollstreckerin zu-
rücktreten würde. Die Juristin ging auf den Handel ein – doch
am Tag danach erinnerte sich Schrempp nicht mehr an seine
mündliche Beteiligungszusage.

Ihr Schwager kommentierte die Amtsniederlegung mit einer demütigenden Erklärung: Martine Dornier-Tiefenthaler
habe wohl endlich eingesehen, dass sie ihren Job nicht be-
herrsche. Von ihren triumphalen Verhandlungserfolgen für die
Dornier-Erben war keine Rede mehr.[43]

Dieser Fall hat mir einmal mehr vor Augen geführt, welche
emotionalen Erdbeben Erbschaftsangelegenheiten bei allen
Beteiligten auslösen können. Der sensible Umgang mit diesen
Gefühlen kann nicht hoch genug bewertet werden. Vorsicht ist

geboten, wenn sich Erben von anderen Erben bevormundet fühlen.

Sie sehen sich in die Position der Schwächeren, Ohnmächtigen, Fremdbestimmten abgedrängt und reagieren darauf oft mit verdeckter oder offener Aggression.

Vorsicht ist geboten, wenn sich Erben von anderen Erben bevormundet fühlen.

Auch ich habe durch meinen Tunnelblick auf die Regelung des Nachlasses völlig ausgeblendet, was mein Verhalten bei den anderen Familienmitgliedern auslösen könnte. Ich war diejenige, die im Mittelpunkt des Geschehens stand, die von den Bietern hofiert wurde und mit den Anwälten auf Augenhöhe verhandelte. Für mich fühlte sich diese »Führungsrolle« richtig an. Sie war mir ohnehin vertraut und lenkte mich von der Trauer und von Selbstzweifeln ab.

27. ANGESTELLTE STATT EIGENTÜMERIN

20. Januar 2012. Im Morgengrauen brachen wir Richtung Frankfurt auf. Meine Mutter, meine Schwester und ich waren uns einig, dass an diesem Tag niemand hinterm Steuer sitzen sollte. Uns allen lagen die Nerven blank, deshalb hatten wir einen Minivan mit Fahrer bestellt. Unser Anwalt stieg auf der Strecke zu, und wir fuhren durch den kalten, nebligen Morgen. Gespräche kamen im Auto kaum auf, zu ernst war der Anlass unserer Reise. Heute war der Tag, auf den ich mehr als ein Jahr hingearbeitet hatte – der Tag, an dem wir unser Unternehmen verkauften.

Im Dezember hatten sich unsere Verhandlungen auf zwei Bieter konzentriert, einen Konzern und ein Familienunternehmen. Dieser Interessent war unser Favorit, denn das Unternehmen passte offenbar perfekt zu unserer Firma.

Unser Bieter-Favorit war ein Familienunternehmen, das offenbar perfekt zu unserer Firma passte.

Die Wisag, einer der ganz großen Dienstleister in der Facility-Management-Branche, hatte sogar eine ähnliche Geschichte wie unsere Schubert-Unternehmensgruppe. Mit ebenso bescheidenen Mitteln wie mein Vater und etwa zur gleichen Zeit war der Gründer des Unternehmens, Claus Wisser, in das Reinigungsgeschäft eingestiegen. Gut vier Jahrzehnte später war die ehemals »kleine Bude« nun zu einem Dienstleistungskonzern mit fast 50 000 Mitarbeitern angewachsen.

Wir hingegen waren eher ein kleiner, aber feiner Nischenanbieter, und unsere Dienstleistungen ergänzten sich gut mit

denen der Wisag. Unsere Firma war also ein sehr attraktiver Übernahmekandidat.

Obwohl wir eine relativ starke Verhandlungsposition hatten, verliefen die Verhandlungen für mich zunehmend ernüchternd. Wir mussten Abstriche von unseren Preisvorstellungen machen und zustimmen, dass die gesamte Kaufsumme nicht sofort fließen würde, sondern gebunden an zu erfüllende Bedingungen in Raten über bis zu zehn Jahre hinweg. Dass das üblich bei Unternehmensverkäufen ist, hatte ich bis dahin nicht gewusst.

Meine oberste Priorität bei den Verhandlungen war die Übernahme aller unserer Mitarbeiter. Bestandteil der Verhandlungen war auch, dass ich Geschäftsführerin der Holding der Schubert-Unternehmensgruppe bleiben würde – als Angestellte in einem Unternehmen, das Teil meiner selbst war.

BLUMENSTRÄUSSE FÜR DIE DAMEN

Als unser Minivan vor der Wisag-Zentrale in Frankfurt anhielt, hatte ich ein mulmiges Gefühl. Würde die Vertragsunterzeichnung wirklich so ablaufen wie geplant? Oder würde sich alles in letzter Minute doch noch in Schall und Rauch auflösen? Und war die Entscheidung, die heute besiegelt werden sollte, überhaupt die richtige für unsere Zukunft?

Michael Wisser, der Sohn und Nachfolger des Firmengründers, begrüßte uns sehr freundlich und zuversichtlich. Während sich die Anwälte unserer beiden Unternehmen zurückzogen, um die 75 Seiten des Kaufvertrags noch einmal durchzugehen, stand für uns ein Fotoshooting auf dem Programm – Händeschütteln, bitte lächeln, endlich Schluss mit Pokerface!

Wenig später unterschrieben wir nacheinander die Verträge, und wir Damen bekamen gigantische Blumensträuße überreicht. Michael Wisser richtete seinen Dank auch an meine Mutter, der es sicher nicht leichtgefallen sei, das Lebenswerk ihres Mannes in andere Hände zu geben. Und der Finanzchef sagte zu meiner Mutter: »Frau Schubert, wir passen auf Ihr Unternehmen auf.«

»Frau Schubert, wir passen auf Ihr Unternehmen auf.«

Anschließend begossen wir den Verkauf dieser Firma mit Champagner, in Feierlaune waren wir drei Schuberts allerdings auch diesmal nicht. Nach dem gemeinsamen Mittagessen fuhren wir nach Hause – emotional völlig ausgelaugt und ebenso still wie auf dem Hinweg. Das war es jetzt, dachte ich, ab jetzt haben andere das Ruder in der Hand. Einerseits war ich froh, dass die Heimlichtuerei endlich vorbei war und alles reibungslos über die Bühne gegangen war. Andererseits stimmte mich die Trennung von dem, was mein Vater in vier Jahrzehnten aufgebaut hatte, wehmütig und bedrückt. Was würden die neuen Eigentümer wohl aus unserem Unternehmen machen? Mit dieser Ungewissheit musste ich von nun an leben.

EINE FREUNDLICHE ÜBERNAHME

»Jetzt streicht die Düsseldorfer Dienstleistungsgruppe Schubert die Segel und verkauft das Unternehmen mit bundesweit 5000 Mitarbeitern an die Frankfurter Wisag. Über den Kaufpreis ist Stillschweigen vereinbart worden«, schrieb die *Westdeutsche Zeitung* am 24. Januar 2012. Der Meldung voraus-

gegangen war eine Pressekonferenz, zu der ich gemeinsam mit Michael Wisser am Tag zuvor am Düsseldorfer Flughafen eingeladen hatte. Unmittelbar im Anschluss daran war ich ins Büro gefahren und hatte den Startschuss für unsere generalstabsmäßig geplante Informationskaskade gegeben. Zuerst erfuhren unsere Geschäftsführer vom Unternehmensverkauf, anschließend die zweite Führungsebene und dann die Mitarbeiter. Parallel dazu riefen wir unsere Kunden persönlich an, so entsprach es dem Stil unseres Hauses. Wirklich überrascht oder gar schockiert war kaum jemand.

Offenbar hatten fast alle längst geahnt,
dass etwas im Busch war.

Und jetzt hatte sich ihre Vermutung bestätigt.

Zwei Tage später brachte ein Bus unsere knapp 100 Mitarbeiter aus der Verwaltung zu einer Begrüßungsveranstaltung nach Frankfurt. Die Wisag hatte zum gegenseitigen Kennenlernen in ein altes Straßenbahndepot geladen. Ich betrachtete es als gutes Zeichen, dass der Saal mit Plakaten unserer beiden Firmen dekoriert war – der rote Schriftzug der Schubert-Unternehmensgruppe stand gleichberechtigt neben dem grünen Logo der Wisag. Wir waren also nicht, wie bei Übernahmen oft üblich, über Nacht einfach absorbiert worden, sondern hatten unsere Identität behaupten können. Nach der Rede von Michael Wisser ging sein Vater durch den Saal und schüttelte jedem der Schubert-Mitarbeiter die Hand. Auch das fühlte sich für mich sehr gut an. Wer die Mitarbeiter so wertschätzend begrüßt, der kann es nur gut mit uns meinen. Eigentlich hätte ich auch eine Rede halten sollen, aber mir fehlte die Kraft, um die

richtigen Motivationsworte zu finden. Ich war einfach nur froh, dass alles überstanden war und die Mitarbeiter recht gut bei Laune waren.

In den nächsten Tagen ging ich jeden Morgen mit gemischten Gefühlen in mein Büro. Ich versuchte, an den Blicken der Mitarbeiter abzulesen, ob sie mir den Unternehmensverkauf übel nahmen oder nicht. Obwohl die Übernahme durch die Wisag im wahrsten Wortsinn freundlich war, wurde ich dieses latente Schuldgefühl gegenüber den Mitarbeitern längere Zeit nicht los.

»Wir nehmen das Beste aus beiden Welten.«

Trotzdem gönnte ich mir nun eine kleine Auszeit. Mein Anwalt hatte mir geraten, bis zur endgültigen Genehmigung der Übernahme durch das Kartellamt endlich wieder richtig Urlaub zu machen. Nach vier Tagen am Strand des Indischen Ozeans war die Genehmigung da, sechs Tage später war ich zurück in Düsseldorf. Zum Durchatmen blieb wieder keine Zeit.

Vor uns lag ein Berg von Arbeit. Es galt, die beiden Unternehmen auf allen Ebenen zu integrieren und dabei die Maxime von Michael Wisser zu erfüllen: »Wir nehmen das Beste aus beiden Welten.«

Wie unterschiedlich diese beiden auf den ersten Blick so ähnlichen Welten tatsächlich waren, ahnte damals niemand.

28. KULTURSCHOCK NACH DER PARTNERWAHL. DAS RISIKO DER ÜBERNAHME UND DER FALL HEXAL

Was wird vom Lebenswerk des Gründers übrig bleiben? Diese bange Frage schwingt wohl immer mit, wenn erfolgreiche Familienunternehmen den Besitzer wechseln. Auch ich hatte insgeheim gehofft, dass die Kulturen der beiden Firmen zusammenpassen würden. Deshalb hatte ich mich beim Verkauf ja auch für ein Familienunternehmen entschieden, das viele Ähnlichkeiten mit unserer Firma zu besitzen schien. Diese Partnerwahl traf ich auch in der Hoffnung, dass die »Seele« unseres Unternehmens überdauern würde.

Diese Wunschvorstellung des Eigentümers ist beim Verkauf von Familienunternehmen keine Seltenheit. Das bestätigte mir auch die Lektüre eines Buchs über die Hexal-Gründer Andreas und Thomas Strüngmann.[44]

Die Zwillinge hatten ihr Generika-Unternehmen 1982 gegründet und einen kometenhaften Aufstieg damit hingelegt. Mit 55 Jahren entschlossen sich die beiden Strüngmanns zum Verkauf ihres Unternehmens. Ihren eigenen Kindern wollten sie die Kronprinzenrolle nicht aufdrängen. Außerdem wäre die Verteilung des Erbes schwierig gewesen. Thomas Strüngmann hatte zwei Söhne und zwei Töchter, Zwillingsbruder Andreas eine Tochter und einen Sohn. Nach zähen Verhandlungen mit dem börsennotierten Weltkonzern Novartis war der Deal schließlich in trockenen Tüchern. Der Schweizer Konzern bezahlte die Rekordsumme von 5,65 Milliarden Euro für Hexal und fusionierte das Holzkirchener Unternehmen mit seiner Generika-Tochter Sandoz.

Bei der Vertragsverhandlung hatten die Strüngmann-Brüder auf zwei zentralen Vereinbarungen bestanden: Holzkirchen sollte auch künftig Sitz der Hauptverwaltung des fusionierten Unternehmens bleiben. Außerdem hatten die Brüder festschreiben lassen, dass sie für einen noch nicht genau festgelegten Zeitraum Top-Positionen bei Sandoz übernehmen würden. Ihnen war wichtig, die Integration der beiden Unternehmen von einflussreichen Stellen aus selbst zu steuern.

Fünf Monate nach dem Verkauf war die Freude über den Deal bei beiden Brüdern verflogen. Sie mussten sich eingestehen, dass sie mit dem Verkauf ihrer Firma deren mehrfach preisgekrönte Kultur zum Abschuss freigegeben hatten. Die Illusion, dieses Herzstück ihres Lebenswerks erhalten zu können, war im zähen Kräfteringen um die Versöhnung beider Kulturen zerrieben worden. Eine Zeitlang hatten die Strüngmanns noch gehofft, die meilenweit auseinanderliegenden Denk- und Arbeitsweisen der fusionierten Unternehmen unter einen Hut bringen zu können.

Hexal war schnell, wendig, mit Streitkultur und selbstbewussten Mitarbeitern, Sandoz bürokratisch und vorsichtig, die Belegschaft auf Absicherung bedacht und streng hierarchisch organisiert. Gegenüber dem Novartis-Chef übten die Zwillingsbrüder permanent Kritik an der rigiden, zentralistischen Novartis-Organisation. Auf ihr Drängen wurden Hierarchieebenen entfernt – mit der Folge, dass die Sandoz-Mitarbeiter fürchteten, nun würde die Anarchie ausbrechen. Die Hexal-Mitarbeiter wiederum fanden es unerträglich, dass überall im Haus plötzlich Englisch gesprochen wurde und dass die einstmals frei zugänglichen Chefbüros nun Eingangssperren erhielten. Obwohl sich Spezialisten um die Zusammenführung der Un-

ternehmen kümmerten, wurde die Fusion zur Rosskur für die Mitarbeiter.

Auch die Strüngmann-Brüder selbst kamen mit dem Gefühl, »fremdbestimmt« zu sein, nicht gut zurecht. Sich den Wünschen von Vorgesetzten zu beugen, das hatten die beiden niemals gelernt, ebenso wenig, sich in Konzernstrukturen einzufügen.

Als die Zwillinge das Unternehmen schließlich endgültig verließen, bemerkte ein Mitarbeiter: »Hexal wurde das Herz herausgeschnitten und durch eine künstliche Pumpe ersetzt. Wir werden sehen, wie gut sie arbeitet.«[45]

> »Hexal wurde das Herz herausgeschnitten und durch eine künstliche Pumpe ersetzt.«

GENETISCH BEDINGTE UNVERTRÄGLICHKEITEN

Das Beispiel Hexal zeigt deutlich, dass die Integration zweier gegensätzlicher Unternehmenskulturen auf dem Papier funktionieren mag, in den Köpfen der Betroffenen allerdings erst einmal zu Irritationen, Ärger und Frust führt. Und trotz aller Ähnlichkeiten stellte sich auch bei unserem Integrationsprozess heraus, dass das eine Unternehmen völlig anders tickte als das andere.

Diese Unterschiede kamen zum Vorschein, als ich zusammen mit einem externen Trainer unternehmensinterne Workshops zum Thema der kulturellen Integration unserer beiden Firmen durchführte. Es zeigte sich, dass sowohl die Mitarbeiter der Schubert-Unternehmensgruppe als auch die der Wisag ihrer neuen Partnerschaft mit Vorbehalten und Ängsten begeg-

neten. Unsere Mitarbeiter etwa vermissten die zentrale Führung. Und die Mitarbeiter der Wisag taten sich mit unserem Reporting und der detaillierten Kostenrechnung schwer.

Dieses schwierig zu durchschauende Aufeinanderprallen der Kulturen war für mich damals der Grund, mich näher mit der systemischen Organisationsberatung zu beschäftigen. Während meiner späteren Ausbildung in diesem Bereich wurde mir dann endgültig klar, warum sich unser Übernahmeprozess viel schwieriger gestaltet hatte als gedacht.

Eine Antwort darauf fand ich in der Untersuchung eines Forscherteams der Universität Witten/Herdecke.

Die Wissenschaftler haben weltweit 3000 Familienunternehmen untersucht, um herauszufinden, warum sich in zwei äußerlich sehr ähnlichen Familienunternehmen völlig unterschiedliche Steuerungs-, Führungs- und Kontrollstrukturen ausbilden.[46]

Dabei haben sie entdeckt, dass in diesen Unternehmen verschiedene Logiken und mentale Modelle herrschen.

Diese grundlegenden Denkmodelle prägen die Firmenpolitik ebenso wie ihre Kultur. Interessant ist, dass sowohl in unserem Unternehmen als auch in dem der Familie Wisser eine patriarchalische Logik gelebt wurde. Dieses mentale Modell ist typisch für viele Unternehmensgründer. Die gesamte Organisationsstruktur ist auf die Person des Patriarchen ausgerichtet, der über ein einzigartiges und übergreifendes Know-how über den Markt und die internen Strukturen verfügt.

»Der Patriarch ist der Anführer von Firma und Familie. Die Firma und Familie besteht aus einem Kopf mit vielen helfenden Armen«, so beschreibt das Forscherteam dieses »Mindset« und benennt als größte Herausforderung die Bewältigung der

Nachfolgefrage. Diese wurde in unserem Unternehmen nicht so konsequent und eindeutig geregelt wie bei der Wisag. Trotzdem haben sowohl Michael Wisser als auch ich fast zum gleichen Zeitpunkt damit begonnen, unsere eigenen Duftmarken in der Firma zu setzen und die Organisationsstruktur durch Leitbildprozesse und neue Managementstrukturen auf die Zeit nach dem Ausscheiden des Gründers vorzubereiten.

In Familienunternehmen herrschen verschiedene Logiken und mentale Modelle.

Was unsere beiden Unternehmen aber grundsätzlich unterschied, war ihre DNA – der »genetische Code«, den der Unternehmensgründer seinem Lebenswerk mitgegeben hatte und der tief in allen Strukturen, Prozessen und Umgangsformen eingraviert war. Mein Vater war stramm konservativ und ein großer Verfechter von klaren Ansagen, verbindlichen Regeln und straffer Führung von oben nach unten. Er betrachtete sein Unternehmen als Maschine, die effizient und vorhersehbar funktionieren soll – mit detailgenau beschriebenen Arbeitsplätzen und Prozessen. Claus Wisser hingegen prägte sein Unternehmen als überzeugter Sozialdemokrat – mit dezentralen Strukturen, ausgeprägter Diskussionskultur und vielen ungeschriebenen Gesetzen. Viele Mitarbeiter duzten sich, der Chef trat gerne unkonventionell auf – und statt zentraler Machtstrukturen durchzogen das Unternehmen informelle Netzwerke, die für Außenstehende nur schwierig zu durchschauen waren.

Kulturelle Reibungspunkte auf beiden Seiten waren also vorprogrammiert, nur war sich dessen keiner der Beteiligten zum Zeitpunkt der Übernahme bewusst.

Als Geschäftsführerin der Schubert-Unternehmensgruppe, die gleichzeitig Mitsprache und Mitverantwortung im gesamten Konzern hatte, befand ich mich nun in der heiklen Position zwischen zwei Stühlen. Anpassungsschwierigkeiten prägten die erste Zeit. Ich war gefordert als Mittlerin zwischen den Führungskulturen.

Eine weitere neue Rolle, in die ich hineinwachsen musste.

29. AM SCHEIDEWEG – ZEIT ZUM LOSLASSEN

Auch das Jahr 2013 begann für mich wieder einmal unter veränderten Vorzeichen. Im Jahr zuvor stand ich noch der Schubert-Unternehmensgruppe vor, und wir steuerten den Integrationsprozess zentral mit externer Begleitung. Nun wurde ich Geschäftsführerin der Facility Service Holding innerhalb der Wisag. In dieser Funktion hatte ich unter anderem den Auftrag, die Zusammenführung der Schubert-Unternehmensgruppe mit ihrem neuen Eigentümerunternehmen zu begleiten und sauber zum Abschluss zu bringen.

Ich segelte ab jetzt unter der grünen Wisag-Flagge –
und das tat ich volle Kraft voraus

Gebetsmühlenartig predigte ich meinen Mitarbeitern, dass wir nun nicht mehr Schubert, sondern Wisag seien, dass wir die Regeln und das Leitbild des neuen Eigentümers verinnerlichen müssten, und uns mit der neuen Außendarstellung zu identifizieren hätten.

Erschwert wurde diese ohnehin schon extrem schwierige »Umlackierung« des Unternehmens durch einen Strategiewechsel bei den Integrationsprozessen. Die Wisag-Führung hatte beschlossen, den Zusammenschluss unserer beiden Firmen ohne externe Moderatoren weiter fortzuführen. Die Organisation war nun auf sich allein gestellt im Umgang mit all den Verwerfungen und Ängsten, die Change-Prozesse mit sich bringen.

Und wie so oft in solchen Umbruchzeiten war das Unternehmen teilweise mehr mit sich selbst beschäftigt, als dass es nach vorn zu schauen vermochte.

Auch ich habe auf dieser Baustelle meine Zukunft ein weiteres Jahr in den Hintergrund gerückt.

GEWITTERSTIMMUNG

Das Unternehmen war die tragende Säule meines Lebenskonzepts. Es war so alt wie ich selbst, und ich habe mein ganzes Leben auf diesen Fokus ausgerichtet – nicht nur meine Ausbildung und Karriere, sondern auch meine Partnerschaften und Freundschaften. Über allem schwebte der Leitsatz meines Vaters, der mich seit frühester Kindheit begleitet hat: »Die Firma geht vor!« Wie sollte ich mir jemals vorstellen können, was aus mir werden sollte, wenn diese Wurzeln endgültig gekappt sein würden?

»Wer bin ich ohne mein Unternehmen?« Eine Studie der Outplacementberatung von Rundstedt und der Hochschule Fresenius Köln hat mich darauf aufmerksam gemacht, wie schwierig es ist, die »Zeit danach« konstruktiv zu planen und zu gestalten.[47]

Bei der Befragung geht es zwar um Topmanager, die ihre Position plötzlich verloren haben. Doch der beschriebene Umbruchprozess trifft in vielen Punkten auch auf meine Situation zu – und wohl auch auf diejenige vieler anderer Unternehmer, die ihre Existenz neu sortieren müssen.

Die Studie beschreibt den Verlauf solcher Umbrüche mit der Metapher eines schweren Gewitters. Anfangs ziehen dunkle Wolken auf, und Spannungen liegen in der Luft. Viele Führungskräfte ahnen unterschwellig, dass sich da etwas zusammenbraut, hoffen aber, dass sich die dunklen Wolken rasch wieder verziehen. Wenn dann der Blitz doch plötzlich ein-

schlägt, ist das ein Schock für Führungskräfte, der ein vorher kaum gekanntes Gefühl der Ohnmacht und Handlungsunfähigkeit auslöst. In der nächsten Phase klingt die Lähmung langsam ab. Der »Gefallene« bricht auf zur Suche nach einer neuen, gleichwertigen Position – gestützt durch die gewohnte Erfolgsgewissheit. Er ist voller kämpferischem Optimismus und überzeugt, dass nur ein kurzes Tief zu bewältigen ist. Doch diese Phase gleicht der Ruhe vor dem Sturm. Die Wolken verdunkeln sich erneut, und ein langer dunkler Regen setzt ein. Die Führungskraft muss sich eingestehen, dass ihre Hoffnung auf ein schnelles Comeback eine Illusion war. Damit beginnt eine emotionale Talfahrt, die von Selbstzweifeln und Existenzängsten begleitet ist. In dieser Phase gilt es herauszufinden, welche Bereiche den Selbstwert und die Identität einer Person ausmachen.

Auch im neuen Unternehmen versuchte ich, die altgewohnte Rolle der Unternehmerin so gut wie möglich zu spielen.

Je größer das Spektrum dieser Aspekte ist, desto eher brechen die Wolken wieder auf und geben den Blick frei auf neue Perspektiven und Möglichkeiten.

Meine berufliche Umbruchphase folgte zum Teil einer anderen Dramaturgie. Der Blitz traf mich nicht, ich hatte meinen gleitenden Ausstieg aus dem Unternehmen ja selbst gewählt. Diese endgültige Ablösung aus meiner bisherigen Rolle nahm ich eher wie ein Wetterleuchten am Horizont wahr: beunruhigend – aber weit genug entfernt. Mir war auch nicht klar, dass ich mich nach dem Unternehmensverkauf in der Ruhephase vor dem Sturm befand. Auch im neuen Unternehmen versuchte

ich, die altgewohnte Rolle der Unternehmerin so gut wie möglich zu spielen.

Anfang 2014 allerdings verdunkelten sich die Wolken. Vor mir lag die letzte Etappe des steinigen Weges, der mit dem Tod meines Vaters begonnen hatte und aus heutiger Sicht eine Kraftquelle für meine Zukunft war.

30. AUS ERFAHRUNG WIRD PERSPEKTIVE

»Als Kind und Erbe einer Unternehmerfamilie ist man schon wer, bevor man überhaupt Zeit hatte, herauszufinden, wer man sein will. Nicht weil eine Person die Identität bestimmt, sondern weil sie von vorgegebenen familiären Beziehungsmustern geprägt wird«, so beschreibt Fritz B. Simon das Dilemma des potenziellen Nachfolgers in Familienunternehmen – und stellt die Frage, ob diese »Vorherbestimmung« ein Privileg ist oder eher eine Last.[48]

Ist die Lust der Gründer die Last der Erben? Ich bin der Meinung, es ist beides. Einerseits brauchte ich mich nicht dem Wettbewerb des Arbeitsmarkts zu stellen, sondern konnte nach dem Studium nahtlos in eine Führungsposition in unserem Unternehmen wechseln. Ich musste mich nicht wie viele andere junge Menschen mühsam nach oben arbeiten und habe von der Aufbauarbeit meines Vaters in vieler Hinsicht profitiert.

Andererseits lief mein Leben, gerade weil es mir so vorgezeichnet schien, viel zu lange wie auf Autopilot in Richtung Pflichterfüllung. Ich habe immer das getan, von dem ich glaubte, es tun zu müssen. Den Zugang zu meinen eigenen Wünschen und Zielen verwehrte ich mir auf diese Weise selbst.

Schon in früher Kindheit hatte das Wirken meines Vaters eine starke Anziehungskraft auf mich. Die Starke zu sein, die Durchsetzungsfähige, die Entscheidungsfreudige, die Dominante und die Macherin – auf diese Rolle habe ich mich festgelegt, bevor ich überhaupt in der Lage war, sie zu reflektieren und bewusst anzunehmen. Auch als ich das sehr wohl gekonnt hätte, habe ich mich dieser für jedermann zentralen Entwick-

lungsaufgabe sehr lange nicht gestellt. »Je größer die Attraktion einer Person, desto größer ist die Versuchung, ihr zu folgen, und desto schwerer ist es, sich abzugrenzen und das Gefühl der eigenen Autonomie zu wahren.«[49]

Schon der Begriff »Nachfolge« trägt den Keim dieser Problematik in sich: Einer geht voraus, der andere folgt nach. Der eine ist Anführer und der andere Gefolgschaft.

Die Verantwortung für die selbstbestimmte Entwicklung
des Nachfolgers bleibt oft auf der Strecke.

Wer bin ich, was will ich, was kann ich? Was macht mich einzigartig, und wie kann ich das einsetzen? Mit solchen Fragen braucht sich der Nachfolger nicht auseinanderzusetzen, schließlich ist sein Weg ja von Geburt an vorgezeichnet. »Die Folge ist, dass die Abgrenzung der Familie gegenüber, das Finden des eigenen Weges, die Entwicklung einer individuellen, unverwechselbaren persönlichen Identität erschwert ist«, so Simon.[50]

Wie problematisch diese fehlende Abnabelung von den oft unausgesprochenen Erwartungen der Eltern ist, zeigt sich spätestens, wenn der vorgezeichnete Weg nicht mehr begehbar ist. Das ist der Zeitpunkt, um aus eigener Kraft neu aufzubrechen.

Mein Mädchentraum von der coolen Businessfrau an der Spitze des väterlichen Unternehmens war zerplatzt. Doch die Stolpersteine auf meinem Weg als Nachfolgerin erwiesen sich als belastbares Material für die Konstruktion einer neuen und authentischeren Biografie: der Aufbau unserer Unternehmenstochter in Österreich, die Reorganisation unserer Industriesparte, die Leitbildentwicklung, die Nachlassverwaltung und die damit verbundene Überwindung von juristischen und or-

ganisatorischen Hürden, die Vorbereitung und Abwicklung des Firmenverkaufs, die Integration der beiden Unternehmenskulturen, die Arbeit an der Spitze eines Unternehmens, in dem ich nicht die Tochter des Chefs war.

Auch wenn ich als künftige Nachfolgerin meines Vaters das vermeintlich »gemachte Nest« gewählt habe – besonders kuschelig war es nie. Weder wurde mir meine Rolle als Führungskraft in unserem Unternehmen leicht gemacht, noch habe ich mich selbst darin geschont. Auch nach dem Tod meines Vaters setzte ich alles daran, sein Lebenswerk nicht dem Verfall preiszugeben – vom Ringen mit dem Testamentsvollstrecker über die sorgfältige Abwicklung des väterlichen Nachlasses bis hin zur Überführung unseres Unternehmens in verantwortungsvolle Hände.

Nun betrachtete ich mich in einem neuen Licht. Der Tunnelblick auf das Vermächtnis meines Vaters wich einer Horizonterweiterung, mit der ich zum ersten Mal wahrnahm, wer ich wirklich bin und was ich wirklich will.

Der Tunnelblick auf das Vermächtnis meines Vaters wich einer Horizonterweiterung.

Am 31.12.2014 habe ich das Unternehmen, das mein Vater gegründet hat, endgültig verlassen und mich selbständig gemacht. Es war nicht nur ein Abschied von 18 Berufsjahren, sondern von einem ganzen Leben. Es war aber auch ein Neubeginn, bei dem ich erstmals einem eigenen Leitstern folgte.

31. EIN LETZTER BLICK IN DEN RÜCKSPIEGEL

Ein Saal im Landgericht Bielefeld im November 2014. Ich sitze in der dritten Reihe und beobachte die Verhandlung. Als Vorbereitung zu diesem Buch möchte ich einmal live miterleben, was geschieht, wenn Erben eines Familienunternehmens gegen den Testamentsvollstrecker vorgehen.

Zur Verhandlung steht der Prozess Tönnies gegen Tönnies, genauer gesagt die Klage von Robert Tönnies gegen seinen Onkel Clemens, dessen Bruder das Fleischimperium 1971 gegründet hat.

Die Vorgeschichte ist folgende: Nach der Gründung seines Unternehmens beteiligte Bernd Tönnies seinen Bruder Clemens mit 40 Prozent am Geschäft. Bernd Tönnies starb 1994 und verfügte in seinem Testament, dass seine beiden Söhne, Clemens junior und Robert, je 30 Prozent der väterlichen Anteile erben. Außerdem setzte er einen Testamentsvollstrecker ein, der die Firmenanteile der Söhne bis zu deren 30. Lebensjahr verwalten sollte. Dieses Amt wurde Josef Schnusenberg übertragen, dem langjährigen Steuerberater des Unternehmers, der gleichzeitig ein guter Freund von Clemens Tönnies senior war. Nach dem Tod seines Bruders Bernd baute dieser das Fleischer-Unternehmen zu einem internationalen Konzern aus – heute die Nummer eins des Schlachtergewerbes mit fünf Milliarden Euro Umsatz.

Als das Amt des Testamentsvollstreckers 2008 auslief, schenkten die Tönnies-Söhne ihrem Onkel je fünf Prozent ihrer Anteile. Er hatte ihnen erzählt, ihr Vater habe diesen Wunsch auf dem Sterbebett geäußert.[51] Clemens Tönnies war jetzt zu 50 Prozent am Geschäft beteiligt und baute seine Machtposi-

tion weiter aus. 2012 erhielt Robert Tönnies die Anteile seines Bruders Clemens, der sich aus gesundheitlichen Gründen aus dem Geschäft zurückzog. Nun hielt der Neffe genauso viel Anteile wie sein Onkel.

Und schon wenig später ging er gerichtlich gegen ihn und den Testamentsvollstrecker vor. Er warf seinem Onkel vor, Schnusenberg damit beauftragt zu haben, die Tönnies-Söhne von der Schenkung zu überzeugen. Außerdem sollte sich Clemens Tönnies ohne die Zustimmung der Söhne an einem Konkurrenzunternehmen beteiligt haben.

> *Die Familienfehde drohte auf öffentlicher Bühne*
> *zu eskalieren.*

Gegenstand der Klage war die Rückgängigmachung der Schenkung, die Verteilung der Stimmrechte und die Auslegung des Testaments. Der Ton zwischen den Kontrahenten wurde mit jedem Verhandlungstag schärfer, man warf sich delikate Details aus dem Vorleben der Beteiligten um die Ohren und kämpfte gerne auch unter der Gürtellinie. Die Presse begleitete die »Schlacht der Schlachter« mit allerlei pikanten Enthüllungen. Kurz: Die Familienfehde drohte auf öffentlicher Bühne zu eskalieren.

Auch an diesem Januartag im Bielefelder Landgericht geht es hart zur Sache. Robert und Clemens Tönnies sind mit einer ganzen Phalanx von Juristen aus Top-Kanzleien erschienen. Der Testamentsvollstrecker und der Notar werden als Zeugen befragt, und jeder scheint in seiner eigenen Wahrheit zu leben. Es geht um das Testament und den Gesellschaftervertrag und darum, wer an der Erstellung welcher Dokumente beteiligt war.

Und plötzlich fällt ein Name, der mir bestens vertraut war –
der unseres Steuerberaters und Testamentsvollstreckers. Mir
ist auf der Stelle die Luft weggeblieben. Auch in diesem Familienunternehmen war er nicht unbekannt, und offenbar agierte
er auch dort nicht im Sinne der Familie. Dies aber nur am
Rande.

Was mich an diesem Prozesstag emotional noch mehr mitgenommen hat, war das Vorgehen des Testamentsvollstreckers,
der das Erbe der Söhne nicht schützte, sondern sich scheinbar
mit dem Bruder des Verstorbenen verbündete. Viele der Beteiligten, so auch der Notar, hatten Erinnerungslücken. Erschüt-
ternd waren auch die Kälte und die Wut, mit der sich die
Familienmitglieder beharkten.

*»Streit ist der größte Wertvernichter in
Familienunternehmen.«*

Auf der Suche nach Beweisen für die eigene Position wurde
jeder Stein umgedreht und reichlich schmutzige Wäsche gewa-
schen. Die Gegenpartei hatte sogar Robert Tönnies' Diplomarbeit auf Zitierfehler checken lassen und warf ihm vor, ein
Plagiat abgegeben zu haben. Offenbar ist jedes Druckmittel
recht, wenn es um Machthunger, Geldgier, gekränkten Stolz
und enttäuschtes Vertrauen geht. Bleibt die Frage, ob es in solchen Grabenkriegen überhaupt Gewinner geben kann. Abge-
sehen von den beauftragten Anwälten wohl eher nicht.

»Streit ist der größte Wertvernichter in Familienunternehmen«, schreibt der Anwalt Rainer Kögel.[52]

Mit jedem Prozesstag schmilzt ein Stück des Familienunternehmens weg, ebenso das Vertrauen der Banken, der Lieferan-

ten, der Kunden und der Mitarbeiter des Unternehmens. Ganz zu schweigen vom öffentlichen Reputationsverlust der Streithähne und von den seelischen und körperlichen Schäden, die sie in solchen Kämpfen erleiden – ganz gleich, ob sie Verlierer oder Gewinner sind.

Ich bin heilfroh, dass unsere Erbschaft nicht zu einem Familienkrach oder zu einem gerichtlichen Streit mit unserem Testamentsvollstrecker geführt hat. Mit der emotionalen Erschütterung, die meine Mutter, meine Schwester und ich nach dem Tod des Vaters durchlebten, hätten wir das alle drei nicht durchgestanden.

V.

SCHLUSSBILANZ: VERERBEN IST EIN LERNPROZESS

Kaum eine Aufgabe birgt für Familienunternehmen mehr Zündstoff als die Regelung der Erbschaft und der Nachfolge. Diese konfliktbeladene Angelegenheit zu meistern ist eine der größten Leistungen, die ein Familienunternehmer und seine Angehörigen zu vollbringen haben. Aus unternehmerischer Sicht geht es dabei um nicht weniger als um die Zukunftssicherung des eigenen Lebenswerks. Und aus menschlicher Sicht werden damit entscheidende Weichen für den Zusammenhalt der Familie gestellt.

Wer die Übergabe des Familienvermögens und der Führungsposition an die nächste Generation zu regeln hat, trägt also eine sehr hohe Verantwortung. Zugleich sind die rationalen und emotionalen Dimensionen dieses Prozesses so komplex, dass er ohne fachliche, soziale und psychologische Kompetenz kaum zu bewältigen ist.

Vererben ist eine Lebensaufgabe, deren Problematik oft unterschätzt wird.

Das bestätigten mir die zahlreichen Gespräche, die ich für dieses Buch mit Familienunternehmern geführt habe und für deren Offenheit ich an dieser Stelle danke. Zusammenfassen lässt sich der Tenor dieser Gespräche in der folgenden Aussage eines mir bekannten Unternehmers, der die Thematik mit all ihren Höhen und Tiefen aus eigener Erfahrung kennt: »Der Bedarf an Aufklärung ist riesig, Anwälte allein greifen zu kurz, viele Erblasser stehen tatsächlich oder vermeintlich alleine damit da.«

Ich habe ein Bild gefunden, das die Brisanz dieser Situation verdeutlichen soll:

Die Regelung der Nachfolge und des Nachlasses gleicht der Schifffahrt durch ein Riff. Dieses Meeresgebilde ist lebendig und bunt, zugleich aber auch nicht ungefährlich. Untiefen, scharfe Kanten und Felsvorsprünge machen das Riff zu einem unüberschaubaren Gebiet, dessen Gefahren unter der Wasseroberfläche lauern. Die Risiken für den Bootsführer sind daher nicht immer auf den ersten Blick erkennbar.

Auch bei der Übergabe des Erbes und der Führungsverantwortung muss mit verborgenen »Kanten oder Untiefen« gerechnet werden, die es zu umschiffen gilt. Um diesen Kurs sicher zu fahren, brauchen Unternehmer einen erfahrenen Navigator, der sie sicher ans Ziel bringt und damit die Schätze und Erfolge den Nachfolgern sichert.

In Anlehnung an dieses Bild habe ich mein Unternehmen reef consulting genannt. Meine Erfahrungen aus dem eigenen Familienunternehmen stelle ich heute anderen beratend zur Verfügung.

All jene Stolpersteine, die ich auf meinem Weg als Tochter, Nachfolgerin und Miterbin eines Familienunternehmens bewältigen musste, bergen gleichzeitig Lösungsansätze für die erfolgreiche Sicherung der Zukunft solcher Unternehmen.

Die wichtigsten Lektionen meiner Odyssee durch die Untiefen der Erbschafts- und Nachfolgeregelung möchte ich den Lesern dieses Buches als eine Art Schlussbilanz vorlegen:

☐ Regeln Sie das Testament und die Nachfolge frühzeitig.
☐ Setzen Sie sich intensiv damit auseinander, was Sie testamentarisch verfügen möchten und welche Konsequenzen sich daraus ergeben können.
☐ Spielen Sie dabei alle Möglichkeiten und Szenarien durch.

- [ ] Reden Sie in der Familie offen und ehrlich über die geplanten Nachlass- oder Nachfolgeregelungen.
- [ ] Berücksichtigen Sie bei Ihren Entscheidungen die Erwartungen und Wünsche der Familienangehörigen.
- [ ] Vermeiden Sie mündliche Absprachen und Vereinbarungen. Schriftliche Dokumente beugen Missverständnissen vor.
- [ ] Überlegen Sie gut, ob Sie einen Testamentsvollstrecker benötigen und wem Sie in dieser Funktion das größte Vertrauen entgegenbringen können.
- [ ] Lassen Sie der nachfolgenden Generation Freiheiten im Umgang mit ihrem Erbe.
- [ ] Freunden Sie sich mit der Vorstellung an, dass die Nachwelt nicht alles beim Alten belässt.
- [ ] Lernen Sie, loszulassen.
- [ ] Steht der Verkauf Ihres Unternehmens an, setzen Sie dafür einen realistischen Preis an.
- [ ] Missverstehen Sie bei Verkaufsverhandlungen die Abwertung des Unternehmens nicht als persönlichen Affront.
- [ ] Lassen Sie sich beim Unternehmensverkauf juristisch und steuerlich gut beraten.
- [ ] Unterschätzen Sie nicht die emotionale Achterbahnfahrt, die mit dem Verkauf des eigenen Unternehmens verbunden ist.
- [ ] Machen Sie sich bewusst, dass die Regelung des Erbes für alle Beteiligten emotionale Dimensionen hat.
- [ ] Klären Sie die Beziehungen und Rollen innerhalb der Familie.
- [ ] Legen Sie die Scheu vor der Beschäftigung mit der eigenen Endlichkeit ab.

☐ Betrachten Sie das unverzagte Nachdenken über das, was nach Ihnen kommt, gleichermaßen als persönliche und unternehmerische Pflicht.

Nachfolger heißt auf Englisch »successor«, und »success« heißt Erfolg. Ich hoffe, mit meinen in diesem Buch geschilderten Erfahrungen einen Beitrag zur erfolgreichen Übergabe des unternehmerischen Erbes leisten zu können.

QUELLEN

1 Jessica Schwarzer: »Der Kampf um das Erbe«. In: *Handelsblatt*, 02.03.2012

2 David Servant-Schreiber: *Die neue Medizin der Emotionen*. München, Kunstmann 2005

3 Arthur Jores: *Der Mensch und seine Krankheit*. München, Klettverlag 1956

4 Christina Berndt: »Tod aus der Seele«. In: *Süddeutsche Zeitung*, 17.05.2010

5 Franziska von Mutius: »Unternehmer Hartwig Piepenbrock leidet an Demenz.« In: *Berliner Morgenpost*, 07.07.2009

6 Fritz B. Simon: *Die Familie des Familienunternehmens*. Heidelberg, Carl Auer, 2011, S. 334

7 Ebd., S. 9 ff.

8 Ebd., S. 333

9 Ebd., S. 334

10 Bettina Daser: *Familiendynamik im Familienunternehmen*. Bundesministerium für Familie, Senioren, Frauen und Jugend. 2006, S. 37 f.

11 Bettina Daser: »Vatertöchter haben Chancen«. In: *Die Tageszeitung*, 28.08.2008

12 Andrea Blome: »Aus Themen des Lebens werden Geschäftsideen«. In: *existenzielle*, 4/2006

13 Ebd.

14 Ebd.

15 Anna Guhlich: »Streit überschattet Chefwechsel bei Breuninger«. In: *Stuttgarter Nachrichten*, 23.01.2013

16 Ebd.

17 Hans Otto Eglau: *Erbe, Macht & Liebe*. Düsseldorf, Dodos Verlag 2001, S. 73

18 Sabine Strick: *Die Psyche des Patriarchen*. Frankfurt, Frankfurter Allgemeine Buch 2008, S. 196

19 Arist von Schlippe: »Psychologische Aspekte der Unternehmensnachfolge«. In: *Familienunternehmen und Stiftungen*, 5/2012 S. 170–175

20 Ebd.

21 Martin Wittschier u. a.: »Vermögensübertragung im Alter«. In *HeilberufeSIENCE* 3/2010, S. 92–96

22 Kirsten Baus, Rainer Kögel: *Vertrauen statt Misstrauen*. Schriftenreihe des Kirsten Baus Instituts für Familienstrategie, Stuttgart 2006, S. 20

23 Karsten Schulte: »(Ver)Erben aus psychologischer Sicht«. In: Frank Lettke (Hg.): *Erben und Vererben. Konstanzer Beiträge zur sozialwissenschaftlichen Forschung*, Band 11, Konstanz 2003

24 Johannes Bähr, Paul Erker: *Bosch. Geschichte eines Weltunternehmens*. München, C.H. Beck, 2013, S. 277

25 Hans-Kaspar von Schönfels: »Der Vollstrecker des Eigennutzes«. In: *ELITE REPORT*

26 Barbara Gewohn: *Möglichkeiten und Grenzen der Kontrolle des Nachlassgerichts über den Testamentsvollstrecker*. München, Grin-Verlag, 2013, S. 11

27 »Die wahren Erben.« In: *manager magazin* 10/1991

28 Axel Sven Springer: *Das neue Testament*. Berlin, Haffmanns & Tolkemitt, 2012, S. 139

29 Ebd., S. 204

30 »Mit wachsendem Entsetzen«. In: *Die Zeit*, 04.03.1994

31 Axel Sven Springer: Ebd.

32 https://www.postbank.de/postbank/pr_presseinformation_2012_05_31.html

33 http://www.agt-ev.de/agt-e-v/

34 Rainer Steppan: »Zoff nach dem Tod«. In: *WirtschaftsWoche*, 23.07.1993

35 Wolf Lotter: »Das Vermächtnis«. In: *brand eins*, Heft 09, September 2010

36 Thomas Zellweger, Philipp Sieger: »Emotional Value«. https://familybusiness.ey-vx.com/pdfs/emotional-value-studie-ger.pdf

37 Jacqueline Goebel: »Familienunternehmer streiten heftiger«. In: *WirtschaftsWoche*, 12.06.2015

38 Rolf Müller: »Verteilungsgerechtigkeit – die Schicksalsfrage der Unternehmerfamilie«. In: *Familienunternehmen im Fokus von Wirtschaft und Wissenschaft*. München, C.H. Beck, 2014, S. 501

39 Ebd., S. 503

40 Heinz Michaels: »Erben sollen verzichten«. In: *Die Zeit*, 22.02.1985

41 Michael Schmidt-Klingenberg: »Wir sind im Weg, wir sollen weg«. In: *Der Spiegel*, Nr. 28/1988

42 »Private Goldader.« In: *Der Spiegel*, 05.08.1991

43 Nina Grunenberg: »Martine Dornier-Tiefenthaler: eine Frau, die Männer schafft«. In: *Die Zeit*, 14.06.1996

44 Heide Neukirch: *Hexal-Kapitalismus – Der Aufstieg der Brüder Strüngmann*. Campus, Frankfurt/Main 2006

45 Ebd., S. 203

46 Tom Rusen, Arist v. Schlippe, Alberto Gimero: »Strukturelles Risiko und Mentale Modelle in Familienunternehmen«. In: *Familienunternehmen und Stiftungen*, 3/2012, S. 92–98

47 »Auf der Überholspur ausgebremst. Berufliche Umbrüche bei Topmanagern«. http://www.rundstedt.de/news-events/downloads/white paper/

48 Fritz B. Simon, S. 196

49 Ebd., S. 200

50 Ebd., S. 201

51 Elisabeth Dostert: »Familienkrach im Schlachthaus«. In: *Süddeutsche Zeitung*, 24.09.2014

52 Kirsten Baus, Rainer Kögel, S. 43

Weitere Informationen erhalten Sie unter:

www.reef-consulting.com

DI719919